Wer bestimmt die Zukunft?

Hermann Schwengel (Hrsg.)

Wer bestimmt die Zukunft?

Wie die Verantwortlichen aus Politik,
Wirtschaft und Gesellschaft
die Weichen für eine gute
gesellschaftliche Entwicklung
stellen können

PETER LANG

Frankfurt am Main · Berlin · Bern · Bruxelles · New York · Oxford · Wien

Bibliografische Information Der Deutschen Bibliothek
Die Deutsche Bibliothek verzeichnet diese Publikation in der
Deutschen Nationalbibliografie; detaillierte bibliografische
Daten sind im Internet über <http://dnb.ddb.de> abrufbar.

ISBN 3-631-52912-0

© Peter Lang GmbH
Europäischer Verlag der Wissenschaften
Frankfurt am Main 2005
Alle Rechte vorbehalten.

Das Werk einschließlich aller seiner Teile ist urheberrechtlich
geschützt. Jede Verwertung außerhalb der engen Grenzen des
Urheberrechtsgesetzes ist ohne Zustimmung des Verlages
unzulässig und strafbar. Das gilt insbesondere für
Vervielfältigungen, Übersetzungen, Mikroverfilmungen und die
Einspeicherung und Verarbeitung in elektronischen Systemen.

www.peterlang.de

Inhaltsverzeichnis

Vorwort des Herausgebers _____ 7

I. Gliederung der Zeit und Fähigkeit zur Renaissance _____ 11

Hermann Schwengel: Wer definiert die Zukunft? Die Gliederung der Vergangenheit im Zeichen der Globalisierung _____ 13

Peter Bender: USA und Europa, Rom und Griechenland _____ 23

Dieter Mertens: Die Renaissance und die „Renaissancefähigkeit" der Gesellschaft _____ 31

Hans-Joachim Gehrke: Griechen, Römer und die Erneuerung von Zivilisationen _____ 39

II. Unternehmen und Innovationen _____ 53

Holger Rust: Vom Formalismus zum offenen System. Über den Wandel von Managementkonzepten _____ 55

Birger Priddat: Befähigung zur Kooperation. Organisationen als differente Lernarenen _____ 69

III. Strategische Kommunikation _____ 89

Eggert Voscherau: Die BASF in der politischen Öffentlichkeit _____ 91

Michael Vassiliadis: Strategische Kommunikation in Organisationen – Das Beispiel der IG BCE _____ 105

Hermann Schwengel /Klaus-W. West: Strategische Kommunikation in der Kommunikationsgesellschaft _____ 117

Die Autoren _____ 135

Vorwort des Herausgebers

I.

Wer sich mit Geschwindigkeit und Tiefe wirtschaftlichen und gesellschaftlichen Wandels auseinandersetzt, hat Alternativen. Wir können die Dramaturgie der Krise voll ausschöpfen, die Weichenstellungen inszenieren und aus vielschichtigen Wahlprozessen Richtungsentscheidungen machen. Wir können den Umgang mit Globalisierung, informationsindustriellem Kapitalismus und den Herausforderungen für zivile Gesellschaften aber auch als einen Prozess der Erfahrung und Normbildung verstehen, der Innovation, Kommunikation und praktisches Handeln in lange historische Reihen stellt, den konzeptuellen Moden misstraut und sorgfältig zwischen verschiedenen Lern- und Akteursebenen unterscheidet. Jeder der beiden Zugänge hat seinen Ort und seine Zeit.

Im März 2004 fand unter dem Titel „Wer bestimmt die Zukunft?" in Bad Münder bei Hannover eine Tagung statt, die hochrangige Vertreterinnen und Vertreter der IG BCE, der BASF und der Wissenschaft zusammenführte. Natürlich war sie interdisziplinär angelegt, aber nicht in erster Linie als Interdisziplinarität zwischen wissenschaftlichen Disziplinen, sondern zwischen verschiedenem Praxiswissen. Zwischen Praxiswissen, das das Innovations- und Markthandeln eines Weltkonzerns reflektiert und dem Praxiswissen einer in Verantwortung stehenden Gewerkschaft fand ein Austausch statt, der von dem Theoriewissen angeregt wurde, dessen Vorzüge in der beobachteten und reflektierenden Distanz zum Handlungs- und Entscheidungsdruck gesellschaftlicher Akteure bestehen. Die Gesellschaft wird diese Verknüpfung von Theorie und Praxis noch sehr brauchen, wenn sie nicht zwischen einem mit allen Mitteln ausgetragenen Konflikt, der aber um seinen Gegenstand kaum noch richtig weiß, und einem Konsensus, der vergessen hat, auf welchen immer wieder zu erneuernden Grundlagen er eigentlich beruht, erstarren will.

Die Tagung hat neues Wissen hervor gebracht. Sie hat zum Nachdenken angeregt, auch über die Veranstaltung hinaus. Der vorliegende Band wurde von dieser Tagung angeregt, ohne sie zu dokumentieren. Einige Beiträge wurden unter den Eindrücken der zweitägigen Gespräche verfasst. Darüber hinaus wurde der Band gezielt um Beiträge anderer Autoren ergänzt.

II.

Wir behandeln das Thema Zukunft in dreierlei Hinsicht: indem innovative Prozesse in der Gesellschaft beschrieben werden, sodann Innovationen in Unternehmen sowie, wir der Frage nachgehen, wie damit strategisch relevante Akteure umgehen.

„Wie können wir aus der Geschichte für die Zukunft lernen?" lautet die große Frage des ersten Teils. Ein wichtiger Bestandteil von Lernprozessen besteht darin, Komplexität zu reduzieren, sich Übersicht zu schaffen und Zeit, Raum und Erfahrung zu ordnen. Welcher Zugang zur Realität erlaubt uns, auf gewinnbringende Art die Vergangenheit mit Blick auf die Zukunft zu ordnen? Die Zukunft, die wir meinen, fällt weder mit dem Fortschreiben von Entwicklungen zusammen, die im Prinzip bekannt sind. Aber auch nicht mit Ereignissen, die schlechterdings unvorhersehbar sind. Zukunft, über die mit Gewinn nachgedacht und geredet werden kann ist etwas anderes. Das ist die These Hermann Schwengels. Dafür schlägt er eine operative Periodisierung vor, die sich an drei epochalen Ereignissen und Einschnitten orientiert: die europäische und deutsche Vereinigung am Ende des letzten Jahrhunderts, die „erste moderne Globalisierung" in den Jahrzehnten vor dem Ersten Weltkrieg und der okzidentale Einschnitt einer Neuzeit und einer Renaissance. Alle drei Wendepunkte sind unverzichtbar, wenn sich die europäischen Gesellschaften in Richtung Zukunft in Bewegung setzen sollen.

Ein weiterer Zugang können die historischen Vergleiche zwischen Griechenland und Rom und der aktuelle zwischen Europa und den USA sein. Sie behandeln die Frage der Souveränität Europas: „Was können wir tun, ohne in Rom oder Washington nachfragen zu müssen?", fragt Peter Bender. Schließlich waren und sind sie die einzigen Weltmächte, die Ruhe und Ordnung garantieren können. Deshalb kann in der Gegenwart die Macht Amerikas nur durch eine andere Macht eingeschränkt werden, sei es durch die Macht der inneren Opposition oder durch die Macht der Tatsachen. Europa sollte jedenfalls in dieser Perspektive wissen, dass es den USA nichts abnötigen kann, sondern nur manches abhandeln.

Dieter Mertens wendet sich in seinem Beitrag der Renaissance zu. Er sieht in ihr die Zeit der Bewegung der Humanisten, die sich einen „Werkzeugkasten" für die Rezeption der Antike schufen, um neues Wissen systematisch schaffen zu können. Besitzt die Gesellschaft der Bundesrepublik Deutschland oder Europas eine vergleichbare „Fähigkeit zur Renaissance" der es gelingt, eine Bildungsbewegung zu initiieren, die im globalen Wettbewerb neues Wissen schafft? Wird es ihr gelingen, dieses Wissen – und Denken – in der jeweils nächsten Generation durch entsprechende Ausbildung zu verankern? Soviel sei gesagt: die Bedeutung des Erwerbs kultureller Kompetenzen kann hier gar nicht überschätzt werden.

„Welche Hilfestellung kann die Geschichte bieten, um mit den Ungewissheiten von Reformen und Innovationen zurecht zu kommen?" Dies ist die Fragestellung Hans-Joachim Gehrkes. Wer sich mit Neuem und Unbekanntem auseinandersetzen muss, blickt nicht nur nach vorn, sondern zunächst einmal ganz stark zurück. Viele Reformer in Politik und Gesellschaft scheinen diese Möglichkeit außer acht zu lassen. Das Bedürfnis nach Selbstvergewisserung und Beantwortung der Frage „Wie sind wir geworden, was wir sind?" scheint unterschätzt zu werden. Um so wichtiger ist es, sich offensiv mit zum Mythischen tendierenden Vergangenheitsvorstellungen auseinander zu setzen.

Die Beiträge des zweiten Teils dieses Buches befassen sich mit Innovationsprozessen in Unternehmen. Wir leben in einer Zeit, in der sich Managementkonzepte „die Tür in die Hand geben." Wie läßt sich die unentwegte Aufeinanderfolge solcher Konzepte deuten? Fest scheint zu stehen, dass diese Dynamik in den letzten Jahrzehnten Führungsformen und -stile in Unternehmen maßgeblich beeinflusst hat. Holger Rust fasst die sich abwechselnden Management mit dem Begriff des Organisationsformalismus zusammen und sagt ihnen voraus, dass sie ihren Zenit überschritten haben. Aber was kommt danach? Nach Auffassung von Rust haben Ansätze gewisse Erfolgsaussichten, die angemessener mit dem Wissen einer Organisation und mit den Qualifikationen der Beschäftigten umgehen.

Wie können Unternehmen ihre Innovationsfähigkeit steigern? Um diese Frage zu beantworten entwirft Birger Priddat eine Perspektive auf Unternehmen als „differente Lernarenen". Unternehmen müssen – neben den notwendigen Investitionen in Forschung und Entwicklung – systematische und vielfältige Lernprozesse organisieren, um innovativ sein zu können. Dazu gehört die Fähigkeit eines Unternehmens, auf hohem Niveau Wissen verarbeiten zu können. Ansätze dazu gibt es natürlich schon. So holen sich Unternehmen den Markt in ihre Organisation hinein. Daraus ist ein ganzes Spektrum von neuen Organisationsformen entstanden. Allerdings sind solche Operationen nicht unproblematisch. Was passiert, wenn Eigenes mit Fremdem zusammentrifft? Wie kann neues Organisationsvertrauen entstehen?

Der dritte Teil dieses Bandes widmet sich dem Thema strategische Kommunikation. Eggert Voscherau beschreibt, wie eine strategisch angelegte Kommunikation dazu beiträgt, langfristige Unternehmensziele der BASF zu erreichen. Der Kommunikation kommt dabei die Aufgabe zu, die Anliegen gesellschaftlicher Gruppen aufzugreifen und aktiv mit den Interessen des Unternehmens zu verbinden. Über den Erhalt der grundlegenden „licence to operate" hinaus geht es darum, den Gesamtnutzen der BASF darzustellen und Entscheider und Multiplikatoren für die notwendige Verbesserung unternehmerischer Rahmenbedingungen zu gewinnen. Der Beitrag zeigt, wie die Darstellung wirtschaftlicher Leistungsfähigkeit und sozialer Verantwortung sowie die Gestaltung politischer Rahmenbedingungen in der strategischen Kommunikation der BASF zusammen geführt werden.

Michael Vassiliadis legt dar, was strategische Kommunikation für die IG BCE heißt: Sie ist mehr als die klassische Pressearbeit. Sie gibt der IG BCE als Wertegemeinschaft Inhalt und Richtung. Die IG BCE übernimmt die Rolle eines Navigators. Sodann aber ist strategische Kommunikation auch „Struktur- und Führungsprozess", der der Organisation eine neue Ausrichtung gibt und den Beschäftigten kommunikationspolitische Denk- und Verhaltensweisen abverlangt, und zwar untereinander und gegenüber den Mitgliedern. Auf eine einfache Formel gebracht: Die Gewerkschaftsarbeit wird neuen kommunikativen Ansprüchen unterzogen.

Hermann Schwengel und Klaus-W. West beschreiben die Zusammenhänge zwischen strategischer Kommunikation und einer Gesellschaft, die zur medialen Kommunikationsgesellschaft geworden ist. Strategische Kommunikation gewinnt unmittelbare Relevanz für das politische Handeln. So unterschiedliche Akteure wie Regierungen, Parteien, Arbeitgeberverbände, Gewerkschaften oder Bürgerrechtsgruppen kommen nicht umhin, sich diesem Problem zu stellen. Dabei geht es um mehr als um die Verständlichkeit und Wirksamkeit von Botschaften. Es geht auch darum, Themen, die Zukunft betreffen – dazu zählen Arbeit, Risiken und Bildung – auf eine geeignete Art und Weise in besondere Öffentlichkeiten zu bringen und allgemeine Lernprozesse zu initiieren.

III.

Welche Folgen haben diese Zugänge für das Handeln der Unternehmen, der Gewerkschaften und der Politik? Für die Unternehmen könnte es von Interesse sein, den Umgang mit neuem unternehmensbezogenem Wissen in politischen Kontexten zu konkretisieren. Für die Gewerkschaften wäre ihre Rolle sowohl als Akteurin in den Unternehmen als auch in der Gesellschaft zu präzisieren. Von Interesse wären aber auch Beiträge von politischen Akteuren.

Die Zukunft des Wissens und seiner gesellschaftlichen Akzeptanz genauer zu skizzieren, wäre ein interessantes Unterfangen für eine weitere Veranstaltung. Welche Bedingungen eines Konsenses auf unterschiedlichen politischen Ebenen, die von den Regionen bis zu Europa reichen, lassen sich im Lichte der Ergebnisse dieses Bandes angeben?

Hermann Schwengel im Juli 2005

I. Gliederung der Zeit und Fähigkeit zur Renaissance

Wer definiert die Zukunft?
Die Gliederung der Vergangenheit im Zeichen der Globalisierung

Hermann Schwengel

Zukunft muß nicht definiert werden, wenn eine Entwicklung, eine Logik oder ein Trend nur fortgeschrieben wird. Zukunft muß auch nicht definiert werden, wenn wir uns Zukunft als unvorhersehbares Ereignis oder spontanen Aufbruch vorstellen. Zwischen dem Fortschreiben im Prinzip bekannter Entwicklungen und der Erwartung unvorhersehbarer Ereignisse liegt das Feld, auf dem in einem strengen Sinne Zukunft tatsächlich definiert wird. Hier zeigen sich Individuen und Gesellschaft souverän und handlungsfähig, konstituieren *a difference that makes a difference* und machen Geschichte. Daß Zukunft dadurch erwartbar wird, daß in der Gegenwart Entscheidungen getroffen werden und diese Herstellung von Zukunft dadurch bestimmt ist, daß sie von Entwicklungen der Vergangenheit abweicht, ist eine durch und durch moderne Vorstellung. Zwar sind wir mit der postmodernen Erfahrung im Westen skeptischer gegenüber der Idee der Machbarkeit geworden und entdecken in technowissenschaftlichen Utopien nicht selten alte Heilsvorstellungen, aber im Zeichen von Globalisierung, Strukturwettbewerb und weltweit verfügbarem Wissen tritt die Definitionsfähigkeit von Zukunft wieder in den Vordergrund. Für den Historiker scheint es klar, daß die Zukunft nur definieren kann, wer die Vergangenheit versteht. Dabei ist es entscheidend, wie Hans-Joachim Gehrke schreibt, daß man die Geschichte der Diskurse und die ihrer jeweiligen Milieus im Zusammenhang sieht, als eine Kette, in der sich die Felder immer wieder neu miteinander verbinden, aufeinander reagieren, miteinander interagieren, also ein Phänomen der Rückkoppelung. Diese Rückkoppelung erlaubt Kritik, schärft die intellektuellen Sinne für die einseitigen Darstellungen von Hütern der Vergangenheit und macht Zukunft offener. Um Zukunft aber definieren zu können – in dem hier vorgeführten präzisen Sinne – bedarf es einer weiteren Engführung: Zukunft kann nur definieren, wer die Vergangenheit sinnvoll *gliedern* kann. Sinnvolle Gliederung ist hier nicht in erster Linie die Periodisierung der Geschichte durch den Historiker und die Unterscheidung von Epochen. Vielmehr kommt es darauf an, die Einschnitte in der Vergangenheit hervorzuheben, die für die gegenwärtige Entscheidung vorbereitende Zukunftsdefinition ausschlaggebend sind. Es ist eine Gedächnispolitik, die von den brennenden Problemen der Gegenwart zu den langen Reihen der Globalisierung reicht. Dabei wird man wenigstens drei Einschnitte in die Vergangenheit benötigen, um diesem Instrument die nötige diagnostische Schärfe zu geben, die Therapie erlaubt. Da ist zunächst der kurzfristige Einschnitt, der mit der Frage verbunden ist, wann die gegenwärtige Krise tatsächlich begonnen hat – mit der europäischen und deutschen Wiedervereinigung, so wird meine These lauten – und welche Alternativen es zuvor gegeben hat. Dann gibt es einen zweiten mittelfristigen Einschnitt, bei dem wir die gegenwärtigen Problemlagen paradigmatisch mit den Problemlagen einer vergangenen Vergangenheit verknüpfen, die unseren Horizont noch wesentlich prägen – das ist die erste Globalisierung in den Jahrzehnten vor dem Ersten Weltkrieg, die für manche Wirtschaftshistoriker bis in die 20er Jahre des 19. Jahrhunderts zurückreicht. Davon ist schließlich der langfristige Einschnitt in die Vergangenheit zu unterscheiden, der den strukturellen Beginn der Produktions- und Lebensweise bezeichnet, die heute ebenso global geworden ist wie sie in Frage gestellt wird. Dabei geht es um den okzidentalen Einschnitt einer Neuzeit, einer Renaissance, eines Protestantismus oder Humanismus – mit sehr verschiedenen Namen, Intensitäten und Reichweiten in verschiedenen Kulturen – es geht um die historische Zeit orientalischer Zivilisationen, den Einschnitt durch Eroberung, Migration und Bruch mit verwandtschaftlichen Ordnungen und die hybriden Konstrukte, die diese verschiedenen Einschnitte enthalten. Es ist eine ganz praktische Frage für Politik, Management und Kultur, diese drei Einschnitte zu identifizieren, sie auseinanderzuhalten und handlungspraktisch am Ende zu synthetisieren. Wenn diese Gliederung der Vergangenheit nicht gelingt, wird hysterisch auf schnellen sozialen Wandel reagiert oder pessimistisch den kommenden Dingen entgegengesehen, wo Gelassenheit, Zuversicht und *vita activa* vonnöten wären. Die Gliederung der Vergangenheit ist dabei nicht nur das Projekt der wirtschaftlichen, politischen und kulturellen Eliten, sondern ein unverzichtbarer gesellschaftlicher Lernprozeß. Wer in der gesellschaftlichen Öffentlichkeit Hysterie, Angst und Pessimismus schürt, kann nicht damit rechnen, daß die Eliten schon die Nerven behalten und die Vergangenheit zu verstehen in der Lage sind. Wenn die nationalen Gesellschaften – im Kontext und in Konkurrenz zur Weltgesellschaft – nicht lernen, in der Globalisierung Zukunft zu definieren, hilft auch der Dezisionismus der Eliten am Ende nicht weiter.

Auch wenn die Frage nach der Definition der Zukunft bisher in theoretischen Grundbegriffen eingeführt worden ist, liegt auf der Hand, daß sie die Reformdebatte in diesem Lande vor allem in den letzten beiden Jahren betrifft. Es hat in dieser Zeit in Deutschland lange einen Krisendiskurs gegeben, der sich unentwegt zwischen hysterischem Aufschrei und pessimistischem In-Sich-Zusammensinken hin und her bewegt hat, ohne zur Ruhe zu kommen. Langsam beginnt sich eine untergründige Gelassenheit und nüchterne Änderungsbereitschaft durchzusetzen, die die Voraussetzung dafür ist, mit der Gliederung der Vergangenheit handhabbare Werkzeuge für die Definition der Zukunft in die Hand zu bekommen. Die Vielzahl der Antworten auf die Frage nach dem ersten Einschnitt, wann nämlich die Krise dieses Landes – die nun Anlaß zu neuer Kraft zu bieten vermag – begonnen hat und mit welchen Problemlagen sie zusammenhing, läßt sich bei aller Vielfalt der Literatur auf vier Typen reduzieren:

- Der Aufschwung in den 90er Jahren, der mit dem Stichwort *new economy* zwar nicht erklärt, aber bekannt geworden ist, war wie der darauf folgende Abschwung Ausdruck eines langfristigen Struktur- und Technologiewandels, der eine Reihe von Konjunkturzyklen braucht und brauchen wird, weil er in die Mentalitäten einsickern muß, um sich durchzusetzen. Gesellschaften wie die Japans und Deutschlands, die zuerst überdurchschnittlich von der Reife des industriegesellschaftlichen Kapitalismus profitiert haben, um dann durch spezifische Ereignisse wie das Platzen einer Immobilien- oder finanzwirtschaftlichen Blase oder den plötzlichen Wandel der politischen Verhältnisse weniger am Wachstum teilzuhaben, brauchen einfach mehr Zeit. Die Stärkung der inneren Wachstumskräfte, die Einstellung auf eine technologisch wie global veränderte informationsindustrielle Welt verlangen einen institutionellen Wandel, der nicht von heute auf morgen zu bewerkstelligen ist.
- Der entscheidende Einschnitt war der Zusammenbruch der Zweiten Welt, des sowjetischen Imperiums und seiner Regimeeffekte in der ganzen Welt, die Wiedervereinigung Deutschland und der daraus resultierende Druck auf eine beschleunigte Bindung Deutschlands in einer Europäischen Währungsunion und – beide Entwicklungen zusammengenommen – auf die geostrategische europäische Dynamik in Richtung der Türkei, der Mittelmeergesellschaften und *last but not least* Rußlands. Eine neue Zweite Welt ist zwischenzeitlich bereits im Entstehen, mit dem Aufstieg Chinas und Indiens als globale Regionen, mit der Bildung der G20-Assoziation aufsteigender globaler Nationen und der Revision der Zusammensetzung des Sicherheitsrates der Vereinten Nationen. Die nationalstaatlichen Eliten, vor allem in Frankreich und Deutschland, waren auf die neue Dialektik von Europäisierung und Globalisierung nicht eingestellt, beschäftigten sich lange ziellos mit ad-hoc-Verknüpfungen von Vergangenheit und Gegenwart und hatten Mühe, die politischen Konfigurationen des Nachkriegseuropa hinter sich zu lassen. Weil die Liberalisierung der europäischen Gesellschaften gegenüber der Globalisierung, als Anpassung, Selbstbehauptung und Gestaltungswille zugleich, zu lange keine klare Gestalt gewann, blieb die Reformdebatte im europäischen Deutschland – das sich diese tief europäische Einbindung bei aller Rhetorik nicht wirklich klargemacht hat – lange zu unscharf, um wirkliche Veränderung in Gang zu setzen.
- Der kontinentale rheinische Kapitalismus hatte in der Mitte der 70er bereits seinen Entwicklungshorizont überschritten, obwohl noch ein Jahrzehnt später

sowohl Deutschland wie der vermeintlich verwandte Korporatismus Japans als Beispiele angeführt wurden. Sowohl das wirtschaftsliberale, am klaren politischen Wechsel orientierte angelsächsische Modell – nach der Vitalisierung durch Reagan und Thatcher – als auch das skandinavisch-wohlfahrtsstaatliche waren in der Lage, sich schneller und tiefgreifender zu erneuern, damit auch auf den Globalisierungsschub nach 1989 besser antworten zu können und eine gewisse Selbstkorrektur vorzunehmen als die kontinentaleuropäischen Länder. Wo die Verbindung von Mehrheitsdemokratie und Wohlfahrtsstaat offener ist wie im kontinentalen Europa, schwächt sich die wirtschaftliche Attraktivität ab und begünstigt politisch-ökonomische Stagnation. Die politisch-ideologische Unterscheidung von Markt und Staat, nämlich ob liberal-mehrheitsdemokratische oder wohlfahrtsstaatlich-egalitäre Haltung sich durchsetzen, ist deshalb keine überkommene Differenz aus den Zeiten von Liberalismus und Marxismus, sondern der Springpunkt der Erneuerung. Weil die skandinavisch-wohlfahrtsstaatliche Option in einem Lande, das nicht dieselben egalitären Traditionen aufweist, nicht wirklich zur Verfügung steht, ist ein moderates Einschwenken auf den liberal-mehrheitsdemokratischen Weg unabweisbar.

- Die Krise ist sehr viel stärker eine deutsche als in der Dialektik von Europäisierung und Globalisierung angenommen. Der heutige Irrweg der sozialen Marktwirtschaft hat schon mit Adenauers dynamischer Rente – und wenn man weiter zurückgehen will, mit dem Bismarckschen Sozialmodell – begonnen. Sie hat sich mit dem überzogenen Ausbau des Sozialstaates während der Großen Koalition und danach beschleunigt und in den verlorenen 80er Jahren keine echte liberale Revolte provoziert. Weil sich das heute rächt, gehört Deutschland in mancher Hinsicht zu den *newly declining countries*, die sich von der schiefen Bahn kaum noch aus eigener Kraft entfernen können. Die Blindheit gegenüber dem demographischen Wandel, die Langzeitwirkung autoritärer Ordnungsvorstellungen und ökonomische Seinsvergessenheit kulminieren in mangelnder ökonomischer und gesellschaftlicher Vitalität.

Natürlich hat jede dieser vier Auffassungen ihren Punkt, natürlich überschneiden sich auch die Argumente und schaffen mehrere intellektuelle Koalitionen. Nichtsdestotrotz treten am Ende die erste technokratisch-evolutionspolitische These, daß der langfristige Strukturwandel schlicht mehr Zeit brauche, ebenso zurück wie die liberale nationalrevolutionäre These, daß nach dem politischen auch der ökonomische deutsche Sonderweg zu beenden sei. Ihre Auffassungen behalten Relevanz, aber die entscheidende Differenz wird zwischen der zweiten und dritten Alternative ausgetragen, ob nämlich die mangelnde Auseinandersetzung mit der Strukturdynamik der deutschen und europäischen Vereinigung oder die fehlende Rezeption der am Ende alternativlosen angelsächsischen liberalen Revolution die Krisenursache seien. Ohne Zweifel greifen hier welt- und gesellschaftspolitische Motive ineinander, wird das Verhältnis von globaler Arbeitsteilung gesellschaftlicher Arbeit aufgenommen und nach den gesellschaftlichen Mehrheiten gefragt, die einen solchen harten Prozeß des sozialen Wandels – in beiden Fällen – tragen können. Meiner Auffassung nach trägt die Hervorhebung des Einschnittes von deutscher und europäischer Wiedervereinigung und deren Strukturdynamik weiter, jedenfalls dann, wenn sie mit einer vertieften historisch-politischen Reflexion des mittleren und langen Wendepunktes verbunden ist, die Eliten und Massen zu tragen in der Lage sind. Mit der Betonung des Einschnittes europäischer und deutscher Wiedervereinigung meine ich natürlich nicht nur die enormen Ressourcen, die in die Integration Ostdeutschlands geflossen sind und Sozialversicherung und Infrastruktur im Westen nachhaltig beschädigt haben. Ich meine auch nicht nur die Verzögerung der Reform des deutschen Modells, obwohl natürlich eine Regierung Lafontaine – oder eine Regierung Späth – ohne die Wiedervereinigung vermutlich eine Mischung aus niederländischen, dänischen und österreichischen Motiven erfolgreich zustande gebracht hätte. Vor allem bedeutet der Einschnitt 1989/1990 eine Blockade der Selbstbeobachtungsfähigkeit dieser Gesellschaft, die verzögerte Einstellung auf einen globalen Strukturwettbewerb und die Verlangsamung des Elitenwandels. Die Verständigungsverhältnisse haben sich nicht in der Geschwindigkeit verändert, wie es die Entwicklung der ökonomischen und politischen Produktivkräfte erfordert hätte. Die in den 70er und 80er Jahren sozialisierten Eliten – 68er und Anti-68er zugleich – die groß damit geworben hatten, bereits moderne Gesellschaften noch moderner, differenzierter und ästhetischer zu machen, sind zu spät und umso härter auf die globalen sozialen Tatsachen gestoßen worden. Auf eine Liberalisierung nach amerikanisch-britischem Vorbild zu setzen, unterschätzte die Kosten, die auf die alte liberal-konservative Klientel zukämen, die progressive Energie, die für eine libertär-wertkonservative Mobilisierung notwendig wäre und die weltoffene Politik der Modernisierung, die damit verbunden wäre. Diese Konstellation läßt sich nicht durch Kommunikationspolitik allein aufheben, weil es gilt, die Vergangenheit strategisch bewußter zu gliedern, sich besser zu beobachten und dadurch Zukunft definieren zu können. Es ist wie in allen europäischen Gesellschaften eine echte Liberalisierung gefragt, welche die vorbehaltlose Öffnung gegenüber der Globalisierung und eine neue Verfassung des sozialen Ausgleichs auf einen Nenner bringt. Daß das möglich ist, wird wiederum im Wettbewerb zu ermitteln sein, denn es ist nicht so, daß es auf diese Frage nur eine Antwort gibt.

Wenn wir die Vergangenheit gliedern, um Zukunft definieren zu können, brauchen wir auch einen mittleren Wendepunkt, einen paradigmatisch mit unserer Gegenwart verbundenen Einschnitt, an dem wir nicht teilgehabt haben müssen, um die gemeinsame Problemlage zu erkennen. Was die Globalisierung betrifft, handelt es sich um die Jahrzehnte vor dem Ersten Weltkrieg, in denen am Ende eine hochgradig integrierte kapitalistische Weltwirtschaft stand, die nach den herkömmlichen Kriterien erst in den 70er Jahren des letzten Jahrhunderts wieder erreicht wurde. Was dieser Globalisierung fehlte, war jene echte Liberalisierung der europäischen Gesellschaften im Verhältnis zueinander wie für die Weltwirtschaft, die zwischen Freihandel und Protektionismus, moderner sozialer Sicherheit und Abbau traditionaler Privilegien einen rationalen Pfad zu definieren wußte. Die kapitalistische Weltwirtschaft beruhte am Ende des 19. Jahrhunderts zweifellos auf den Faktoren hoher industrieller Produktivität, der Erschließung landwirtschaftlicher Produktionsflächen und industrieller Rohstoffe und der Revolution im Verkehrs- und Transportwesen einschließlich der Fernkommunikation. Umstritten blieb jener vierter Faktor, nämlich der Einfluß der Liberalisierung auf die Globalisierung (Knut Borchardt). Lange koexistierten Globalisierung und Protektionismus – ideologisch dominierte der Freihandel weniger als zwei Jahrzehnte – die Verlierer der damaligen Globalisierung waren immerhin stark genug, um zur Konstitution des modernen Wohlfahrtsstaates beizutragen und die Globalisierung vor sich selbst zu schützen, aber niemand war darauf eingerichtet, die Globalisierung in wohlfahrtsstaatliche Mentalitäten einzufügen. Die Dialektik von Freihandel und Wohlfahrtsstaat kam erst nach zwei Weltkriegen in Gang und nur für eine historisch vergleichsweise kurze Periode, bis sie wieder herausgefordert wurde. Die Liberalisierung tiefer anzulegen, den aktiven Wohlfahrtsstaat darauf auszurichten und die politische Selbstorganisationsfähigkeit der Gesellschaft in diesen Fragen zu stärken, das ist mit einem neuen Anlauf vielleicht heute erst möglich. Christ- und Sozialdemokraten haben sich immer als Erben des sozialen Liberalismus gesehen, gegenüber der Globalisierung müssen sie nun eine echte Liberalisierung ihrer Gesellschaften anbieten, die auf beiden Seiten ihre Kosten hat. Je mehr Globalisierung Eliten- wie Massenerfahrung wird, tritt ihr gegenüber relativ auch das Jahrhundert der Extreme (Eric Hobsbawn) zurück, zugunsten der längeren Reihen von Prosperität, Ungleichheit und Machtwechsel. Jedenfalls sorgt dieser mittlere Wendepunkt dafür, daß die Debatte um die Ursache der gegenwärtigen Krise ihren Fokus in der echten Liberalisierung der europäischen Gesellschaften im Kontext der Globalisierung findet und nicht beliebige historische Reminiszenzen zur Rechtfertigung des eigenen Standpunktes herangezogen werden.

Ein dritter gedächtnispolitischer Wendepunkt ist schließlich vonnöten, um die Kraft zur Definition der Zukunft zu gewinnen. Er ist noch schwieriger zu fassen als der mittlere und ragt doch in jede gegenwärtige Krisendiagnose herein. Seit China und Indien als politisch-ökonomische und technologisch-informationelle Macht in die Interaktion globaler Regionen eingetreten sind, hat sich vieles verändert. Noch die Inklusion Japans in die okzidentale Welt, der Aufstieg der Tigerökonomien Koreas, Taiwans, Hongkongs und Singapurs und dann mehrerer südostasiatischer Länder, war als globale Modernisierung zu deuten. Wenn China und Indien, beide sowohl historische Zivilisationen wie Kollage von Wachstumszonen, in riesigen Nationalstaaten und fragilen Regimes verfaßt, ihre Identität in der Interaktion mit anderen globalen Regionen, vor allem Amerika und Europa, finden, verändern sich auch die Begründungsverhältnisse okzidentaler Zivilisationen. Wenn sich darüber hinaus südostasiatisches, südafrikanisches und südamerikanisches *region building* auf diese Interaktion globaler Regionen bezieht, mit den G20-Ländern eine neue Zweite Welt entstanden ist, die sich nicht mehr so leicht auf die amerikanisch-europäischen Handelregimes einläßt und *global cities* schon eine Weile nicht mehr den Zirkel amerikanisch-europäischer Finanzmetropolen umfassen, sondern viele Knoten im globalen Netzwerk einschließen, ändert sich die materielle Basis von Modernitätsdiskursen. Daraus resultiert kein *clash of civilizations*, sondern die Frage, welche Renaissancen und Humanismen, Aufklärungen und Protestantismen in den Zivilisationen wann und aus welchen Gründen aufgetreten sind, was sie zum Reichtum, zur Varietät und zur Erneuerungsfähigkeit verschiedener Ziviliationen beigetragen haben und welche Potentiale sie für den globalen Ausgleich von Märkten und Institutionen bereithalten. Huntingtons zivilisatorische Pakete werden vollständig aufgeschnürt, was Möglichkeiten, ihre Inhalte neu zu sortieren, eröffnet und die Ursprünge der Globalität vor der okzidentalen Moderne zu suchen. Der viel diskutierte Vergleich zwischen Amerika und Europa auf der einen und Rom und den Griechen auf der anderen Seite, die Chancen und Risiken eines europäischen Humanismus, der für die Welt wieder interessant werden könnte, gilt es in diesem Kontext zu beleuchten. Die Geisteswissenschaften – *humanities* – kommen mit Management und Recht in ein Gespräch, das die Welt verändert.

Wenn Globalisierung zu einer Massenerfahrung und Gliederung der Vergangenheit zu einer Schlüsselressource wird, damit die Gesellschaften sich in Bewegung setzen können, sind alle drei skizzierten Wendepunkte unverzichtbar, auch wenn sich die alltäglichen Debatten natürlich auf den kurzen Wendepunkt konzentrieren. Diese differenzierte Gliederung der Vergangenheit wird zugleich in die Bildung von Macht eingefügt sein, das heißt, die Gliederung der Vergangenheit muß mit bindender Entscheidung, Investition und Organisation verbunden sein. Der klassischen ideologischen Unterscheidungsmaschine von Liberalismus und Marxismus nachzutrauern, die Unternehmern und Gewerkschaftern,

Philosophen und Wissenschaftlern, Publizisten und Meinungsmachern, Künstlern und Schriftstellern Differenz und Verständigung zugleich ermöglichte, schafft keine neue *vita activa*. Aber solche Übersetzungs- und Sortiermaschinen fehlen heute, um die Definition von Zukunft zu ermöglichen. Das wieder einmal erwachte Interesse an der Rolle von Eliten hat deshalb weniger konservative Bestandsinteressen als Untergrund, sondern resultiert aus dem Umbruch der Verständigungsverhältnisse im Zeichen der Globalisierung. Es definiert die Zukunft, können wir jedenfalls sagen, wer die bewußte Gliederung der Vergangenheit mit der Bindung gegenwärtigen Entscheidungs-, Investitions- und Orientierungswissens verknüpft. Das ist eine ziemlich abstrakte Definition, deren Skelett wir das Fleisch hinzufügen können, das Lester Thurows Figur des CKO, d.h. des *chief knowledge officer*, geliefert hat. Der *chief knowledge officer* kann Entwicklungsmodelle vergleichen – so unterschiedliche Gesellschaften wie Taiwan und Irland, China und Indien, Polen und Hongkong – im Bereich der Unternehmen weiß er, wann es zu kaufen, zu verkaufen und herzustellen gilt. Er weiß, immer noch Thurow folgend – wann Produkte den Tag erreichen, an dem sie reifen und sich ihre Wachstumsraten verlangsamen. Wie kann nun ein Unternehmen einen guten CKO finden? Thurow schlägt vor, daß man eine technologisch beschlagene, rasch aufsteigende junge Person zwischen 30 und 40 Jahren auswähle und ihr mitteile, sie sei der neue CKO und in zwei Monaten solle sie erneut vorsprechen und erklären, was sie tun werde. Es wäre natürlich ein Leichtes, die Widersprüchlichkeit und Mehrdeutigkeit dieser Figuration in der Luft zu zerreißen. Aber Thurow trifft mit der von ihm diagnostizierten historischen Verschiebung vom *financial officer* zum *knowledge officer* einen für den Definitionsprozeß von Zukunft zentralen Punkt.

Alle Institutionen sind im Augenblick dabei, ihre *knowledge officers* zu finden. Obwohl Universitäten keine Unternehmen sind, brauchen sie so etwas wie *knowledge officers*, die zwischen den nervösen Akteuren in Ministerien und Rektoraten, wissenschaftlichen Anbietern und Nachfragern Kommunikation, Erwartung und Zukunft schaffen. Parteien, Verbände und Gewerkschaften suchen zwischen ihren Kommunikationsfachleuten, die zwar alles verkaufen können, aber nicht wissen was, und den Repräsentanten der sozialen und kulturellen Interessen, die sie vertreten, aber nicht verstehen, *knowledge officers*, die strategische Kommunikation zwischen diesen Erfahrungsbereichen zu stiften vermögen. Bindende Entscheidung, Investition und Orientierung, Ökonomie und Politik sind von dieser Arbeit abhängig. Die soziale Schicht möglicher *knowledge officers* ist schmal, die Versuchung der Anmaßung groß und die Medien kaum darauf eingerichtet, nicht zuletzt weil ihre Führungskräfte sich selbst für die besten *knowledge officers* halten. Ob sich die europäischen Lernnetzwerke im Wettbewerb mit Amerika und Asien entwickeln, hängt ganz wesentlich von diesem Elitengefüge ab. Welche öffentlichen Güter auf welchem regionalen, nationalen und globalen Niveau angeboten werden sollen, wie globale Arbeitsteilung und gesellschaftliche Arbeit vermittelt werden sollen, welche Ungleichheit Wissens- und Bildungsgesellschaften zulassen und welche sie abwehren sollen, welche Vermittlung die zivile Gesellschaft zwischen religiös-kommunitärer und individualistisch-kosmopolitischer Haltung finden kann und soll, das alles ist von Konsensus und Wettbewerb dieser *knowledge officers* abhängig, die die alternativen Unternehmen, Wählerschaft und Publikum zu erklären haben. Herfried Münkler hat vor kurzem geschrieben, daß es den Vereinigten Staaten in den letzten Jahrzehnten gelungen sei, ihre Definition der Problemlagen stärker als alle anderen durchzusetzen. Diese Stärke amerikanischer Definitionsfähigkeit hängt nicht zuletzt mit der Fähigkeit zusammen, die historische Zeit als amerikanische zu deuten und als Grundlage progressiven wirtschaftlichen, politischen und kulturellen Handelns zu nutzen. Die amerikanische hegemoniale Liberalisierung – zu der am Ende auch die Neokonservativen gehören – hat lange die Zukunft definiert, weil sie die skizzierten drei Wendepunkte zu regieren wußte. Meine eigene Hoffnung gilt einem europäischen Progressivismus, der vor dieser Leistung nicht zurückschreckt, sondern sie zu überbieten sucht und so der Welt ein besseres Angebot zu machen in der Lage ist. Ein Neokonservativer ist, nach dem berühmten Diktum Nathan Glazers, ein Konservativer, der zuvor kein Konservativer war. Ein neuer Progressivismus in Europa wäre demnach ein Progressivismus, der sich auf neue Koalitionen von Ideen und Interessen einläßt. Neue Arenen für Ideen und Interessen sind dafür von Nutzen.

USA und Europa, Rom und Griechenland

Peter Bender

Vor zweitausend Jahren stritten zwei griechische Politiker über ihr Verhältnis zu Rom. Griechenland war noch nicht römische Provinz, aber lag tief im Machtschatten Roms. Die eine Meinung war: In der Politik kommt es auf zweierlei an, auf die Ehre und den Nutzen. Wer die Kraft hat, seine Ehre zu wahren, muss es tun; wer das nicht kann, soll sich bescheiden und auf seinen Vorteil achten. Das eine wie das andere zu verfehlen, ist schlechte Politik. Und deren macht sich schuldig, wer zu jedem Befehl bedingungslos ja sagt, ihn dann aber widerwillig und murrend befolgt. Deshalb gibt es für uns nur zwei Möglichkeiten: „Entweder wir beweisen, dass wir imstande sind, Nein zu sagen, oder aber, wenn niemand wagt, das zu behaupten, müssen wir bereitwillig auf alle Wünsche der Römer eingehen."

Die Gegenmeinung war: „Ich bin nicht so weltfremd, um nicht den Unterschied zwischen der Macht Roms und unserer Macht zu erkennen. Aber jede Übermacht hat von Natur aus die Neigung, immer schärfer die zu unterdrücken, die ihr unterlegen sind. Was ist da unser Interesse? Sollen wir dieser Neigung nichts entgegensetzen, sie gar noch unterstützen, damit wir möglichst bald nur noch nach der Pfeife der Römer tanzen? Oder ist es im Gegenteil unser Interesse, uns ihnen zu widersetzen, solange wir dazu in der Lage sind?"

Wenn man hier an die Stelle der Römer die Amerikaner setzte, hätte man einen aktuellen Streit europäischer Politiker über das Verhältnis zu Amerika. Trotz zweitausend Jahren Abstand, stellen sich heute fast die gleichen Fragen wie damals.

Was können wir tun, ohne in Rom oder Washington nachfragen zu müssen? Innenpolitisch fast alles, außenpolitisch wenig, das die Interessen des Großen stört. Die Griechen auf der Peleponnes durften nicht einmal ihre gewohnten Nachbarschaftskonflikte ausfechten, ohne dass der Senat immer wieder eingriff. Die Präsidenten in Washington hätten statt bloßer Mahnungen gern eingegriffen, wenn sich Europäer dem „Schurkenstaat" Iran näherten.

Was tut man, wenn die Verfassung im Widerspruch steht zu den Wünschen des Großen? Ein Grieche meinte, die Römer würden einlenken, wenn man ihnen klarmache, dass sie einen Verfassungsbruch verlangen. Die Gegenmeinung war: Kein Eid und kein Gesetz darf mehr gelten als der Wille der Römer. Das deutsche Grundgesetz verbietet die Todesstrafe – wieweit leistet Deutschland Amtshilfe für einen amerikanischen Terroristenprozess, in dem die Todesstrafe droht?

Was geschieht, wenn die Großen einen Krieg führen, der den Kleinen nicht behagt? Als Rom im Jahr 171 gegen den Makedonenkönig Perseus zu Felde zog, plädierte im Achäischen Bund die radikale Rom-Partei für uneingeschränkte Unterstützung in Wort und Tat, die Mehrheit hingegen für Neutralität und militärische Hilfe nur auf ausdrückliche Anforderung. Über dem Irak-Krieg des Präsidenten Bush junior zerstritten sich die Europäer in zwei beinahe feindliche Lager: Uneingeschränkte Unterstützung Amerikas oder Heraushalten?

Wenn man die Römer und Amerikaner gemeinsam befragen könnte, was sie von alledem halten, dann würden sie im Chor zunächst die Undankbarkeit der Griechen und Europäer beklagen; wir haben Hellas vom Makedonischen Joch befreit – wir haben Europa vor Hitler gerettet und vor dem sowjetischen Kommunismus geschützt. Und auch nach dem Ende der Sowjetunion wünschte ganz Europa westlich des Bug, Amerika solle bleiben und dafür sorgen, dass die Russen nicht kommen und die vereinten, übergroß gewordenen Deutschen, nicht zu stark werden.

Schließlich würden Römer und Amerikaner daran erinnern, dass Griechen und Europäer außerstande waren und sind, bei sich Ruhe und Ordnung zu garantieren. Rom musste Nachbarschaftskriege beenden und endlose Streitereien schlichten, Amerika musste den Balkan zur Ruhe bringen.

Bei alledem ist zu bedenken, dass Rom und Amerika über eine historisch fast beispiellose Macht geboten. Sie waren – und sind – nicht nur die stärksten Staaten ihrer Zeit, sondern die einzigen, die man Weltmächte nennen kann. Rom wurde es Mitte des 2. Jahrhunderts vor Christus, Amerika wurde es 1991 nach der Auflösung der Sowjetunion.

Man muss versuchen, sich vorzustellen, was das heißt, die einzige Weltmacht zu sein: Man ist von keinem anderen Staat gefährdet, allen Ländern der Welt überlegen, in jeder zweiseitigen Beziehung der Stärkere und auch einer Koalition von Gegnern noch gewachsen, von vielen gehasst, von vielen um Schutz angefleht, auch von Freunden weniger geliebt als benutzt – aber Rechenschaft schuldig nur sich selbst.

Einzige Weltmacht zu sein, ist eine Charakterprobe ohne Beispiel: Vorsicht, Einsicht und Rücksicht erscheinen kaum mehr nötig, denn selbst schwere Fehler erzeugen nur leichten Schaden. Höchste Verantwortung ist geboten, aber fast jede Willkür ist möglich. Was immer man tut, die Welt muss es hinnehmen, denn die Macht erlaubt nicht nur beinahe alles, sie rechtfertigt es am Ende auch. Kein Regime, gleich welcher Art, erträgt diese Stellung, ohne sich zu verändern, auch keine Nation steht lange über allen anderen Nationen, ohne Schaden zu nehmen.

Als die Römer alle Großmächte im Mittelmeerraum entmachtet hatten, brutalisierte sich ihre Politik. Sie zerstörten Karthago, machten die Stadt dem Erdboden gleich und weihten, den Boden den Unterirdischen: Hier sollten niemals mehr Menschen wohnen. Die Überlebenden verkauften sie auf dem Sklavenmarkt. Das gleiche taten sie, im selben Jahr 146 vor Christus mit Korinth, der zweiten und reichsten Stadt Griechenlands, und später mit Numantia, der letzten Bastion des spanischen Widerstands gegen die römische Herrschaft. Die römische Politik nahm barbarische Züge an. Sie tötete Gegner, die keine Gefahr mehr waren – Karthago wurde zum Opfer eines historischen Komplexes. Sie strafte diplomatische Kränkung wie eine Majestätsbeleidigung – in Korinth waren römische Gesandte ausgepfiffen worden. Sie strebte nach Erhaltung ihrer Macht allein um der Macht willen – alle Welt sollte sehen, dass Roms Herrschaft unantastbar war.

Auch die Politik Amerikas änderte sich, seit es als einzige Weltmacht allein auf weiter Flur steht. Es führte Krieg gegen den Irak, einen Feind, der keine Gefahr für Amerika war, es missachtete die Zweifel verbündeter Regierungen und die demonstrierte Ablehnung der meisten Nationen. Amerika sah keine Kraft, die ihm Einhalt gebieten konnte, und sah daher keinen Grund, sich Einhalt gebieten zu lassen. Da seine Frieden erzwingende Stärke vielerorts gewünscht wird und manche Regionen – auch Europa – ohne den Rückhalt Amerikas um ihre Stabilität fürchten, glauben die Amerikaner, über allen Ländern der Welt zu stehen. Sie betrachten es als ihr natürliches Recht, sich der Staatengesellschaft nicht einordnen und den Vereinten Nationen nicht unterordnen zu müssen. Der vehemente Kampf gegen den internationalen Gerichtshof bildet das bekannteste Beispiel.

Viele Europäer suchen die Ursachen der Veränderung in der Person des Präsidenten und dem Einfluss seiner Berater. Daran knüpft sich automatisch die Hoffnung, alles werde wieder gut, wenn ein neuer Präsident mit anderen Helfern regiert, aber so wird es kaum sein. Schon Bushs Vorgänger Bill Clinton wurde in seiner zweiten Amtszeit zuweilen gewalttätig, ebenso werden Bushs Nachfolger sich UN-Resolutionen und wohlgemeinten Ratschlägen der Verbündeten entziehen, wenn sie ihnen nicht passen. Solange Amerika bei Kräften ist, wird es seine Kräfte gebrauchen und unilateral entscheiden, was ihm wichtig ist, und multilateral nur behandeln, was ihm wenig bedeutet oder was es allein nicht schafft.

Auch der Terroranschlag vom 11. September erklärt nur manches. Er nötigte die Regierung Bush zu Kraftbeweisen und ermöglichte den Falken zu tun, was sie schon vorher planten. Das entscheidende Datum, das Amerika veränderte, war das Jahr 1990/91, als die Sowjetunion sich auflöste und Amerika als die einzige Weltmacht übrig ließ. Es war die scheinbar grenzenlose Macht, die Amerika verwandelte wie einst Rom im zweiten vorchristlichen Jahrhundert.

Amerikas gegenwärtiges Verhalten sollte niemanden verwundern. Wer stark ist, möchte stark bleiben, und wer schon früher dem Grundsatz second to none huldigte, kann nach dem Verschwinden des einzigen Rivalen gar nicht anders, als seine Spitzenstellung zu behaupten. Nach der Sicherheit des eigenen Landes ist seit den Neunziger Jahren erstes Gebot, das Aufkommen eines neuen Rivalen in Asien oder Europa zu verhindern. Während die Vereinigten Staaten früher nach jedem siegreichen Krieg ihre Rüstung verringerten, manchmal in politisch unverantwortbarem Tempo demobilisierten, steigt jetzt der Wehretat unaufhörlich. Die Regierung Bush übertreibt das, aber an dem Ziel, militärisch unerreichbar für alle Welt zu bleiben, zweifeln auch die Demokraten nicht. Diesem Ziel, und nicht nur den Schutz des eigenen Landes dient auch das geplante Raketenabwehrsystem: Wenn es funktioniert, kann Amerika alle anderen schlagen, ohne selbst geschlagen zu werden – größere militärische Überlegenheit ist schwer denkbar.

Nochmals: Wir sollten uns nicht wundern. Die Vereinigten Staaten tun nichts anderes, als jeder Staat tut, dem sich neue Möglichkeiten eröffnen: Sie nehmen die Chancen wahr, die sich ihnen nach dem Ausscheiden der Sowjetunion bieten. Sie führen Krieg in Afghanistan, das kein GI früher zu betreten gewagt hätte. Sie setzen sich militärisch sogar in ehemaligen Sowjetrepubliken Zentralasiens fest. Amerika passt seine Politik der gewachsenen Macht an.

Den Europäern, die Amerika kritisieren, fehlt es allzu oft an historischer Distanz. Sie vergessen, dass sie selbst einst taten, was sie jetzt Amerika vorwerfen. Alle größeren Staaten der Alten Welt, sogar manche kleinere, hatten ihre imperiale Zeit. Im Reich der Spanier ging die Sonne nicht unter. Napoleons Herrschaft und Herrschaftsanspruch reichte von Spanien bis Moskau. Das britische Empire erstreckte sich über alle Kontinente. Hitlers „Großdeutschland" hatte fast ganz Europa besetzt und wollte es bis zum Ural besitzen. Alle europäischen Imperien kamen irgendwann an ihr Ende, manche durch Kräfteverfall und Überanstrengung, andere durch vernichtende Niederlagen wie die Franzosen 1815 und die Deutschen 1945.

Die Amerikaner befinden sich heute in einer historischen Phase, die europäische Staaten früher durchliefen. Was wir hinter uns haben, das haben sie noch vor sich oder sie stecken mitten drin. Die Unterschiede, die heute Amerika und Europa trennen, erklären sich nicht politisch, psychologisch oder moralisch, sondern historisch. Robert Kagan sagt, die Amerikaner kämen vom Mars und die Europäer von der Venus – Unsinn: Wir waren lange genug auf dem Mars, haben aber erfahren, dass es dort sehr ungemütlich ist und fühlen uns in den Armen der Venus besser. Europäer neigen derzeit dazu, sich über Amerika zu erheben, als die seien sie weiser und moralisch besser. Aber Europa hat sein Soll an imperialer Politik übererfüllt und damit nicht aus Einsicht aufgehört, sondern aus Erschöpfung – die Einsicht kam erst hinterher. Wir werden bei unseren Friedensreden aufpassen müssen, dass wir nicht an einen Säufer erinnern, der endlich trocken ist und nun Enthaltsamkeit predigt.

Natürlich kann man Amerika an seinen eigenen Maßstäben messen und eine zunehmende Abweichung feststellen. Aber was sind eigentlich Amerikas Maßstäbe? Sind es Konsultation und Konsens mit anderen Staaten, ergänzt durch Leadership? Oder ist es der Anspruch, Marines in Marsch zu setzen, wenn es in Washington nützlich oder nötig erscheint? Im Jahr 1895 proklamierte Außenminister Richard Olney ein Interventionsrecht in ganz Amerika und gab dazu die umwerfende Begründung: „Heute sind die Vereinigten Staaten praktisch der Souverän dieses Kontinents." So benahmen sie sich auch. Bewaffnete Intervention bildete Jahrzehnte lang, gelegentlich bis jetzt, die Fortsetzung der US-Politik in Lateinamerika. Was George W. Bush mit seiner neuen Verteidigungsdoktrin verlangt, ist im Grundsatz nicht neu, früher galt es nur für den amerikanischen Kontinent, nun soll es für die Welt gelten.

Die schöne Zeit, nach der viele Europäer sich zurücksehen, die Zeit, als Washington auf Konsens und Konsultation mit Europa achtete, war so schön auch nicht – despotisch einseitige Beschlüsse gab es auch damals. Immerhin respektierte Amerika seine Verbündeten mehr als heute, aber warum? Vor allem doch, weil es sie im Kampf mit der Sowjetunion brauchte. Man kann es auch bei Robert Kagan nachlesen: „Der amerikanische Multilateralismus des Kalten Krieges war eher instrumentell als idealistisch motiviert. Schließlich hätte eine Strategie des Alleingangs nach 1945 bedeutet, dass die USA es allein mit der Sowjetunion hätten aufnehmen müssen". Als die Sowjetunion sich auflöste und die Europäer nicht mehr nötig erschienen, wurden sie entsprechend behandelt. Als die USA dann aber mit den Folgen ihres Alleingangs nach Afghanistan und in den Irak nicht fertig wurden und europäische Hilfe dringend wieder brauchten, sogar den Konsens mit den Gegnern des Irak-Krieges, läd Bush Schröder zum Lunch.

Die Europäer werden verstehen müssen: Großmächte sind so, sie waren zu allen Zeiten so und werden sich in Zukunft kaum ändern. Was der Senator William Fulbright schon vor dreißig Jahren die „Arroganz der Macht" nannte, war und ist keine amerikanische Spezialität, den Hochmut römischer Senatoren beklagten Freunde wie Feinde, und in den zweitausend Jahren dazwischen fehlt es nicht an Beispielen schwer erträglicher Anmaßung im Umgang der Mächtigen mit den weniger Mächtigen.

Die Europäer werden auch verstehen müssen, daß sie wenig tun können. Großmächte sind von außen kaum beeinflussbar, selbst von anderen Großmächten nur in geringem Maße, von kleineren Staaten fast gar nicht. Die Sowjetunion ging an sich selbst zu Grunde, die ungeheuren Wandlungen, die China im letzten halben Jahrhundert durchmachte, konnte die übrige Welt nur erstaunt zur Kenntnis nehmen. Was aus Amerika wird, entscheiden die Amerikaner. Weder Blairs Vasallentreue noch Chiracs und Schröders Trotz haben auf Bushs Politik nennenswert eingewirkt. Amerikas Macht kann nur durch Macht eingeschränkt werden, durch die Macht der inneren Opposition und durch die Macht der Tatsachen.

Die Opposition, nicht nur im Kongress, auch im ganzen Land, war immer eine große Kraft. Kaum ein Gewaltakt oder großes Unrecht, das nicht mühsam gegen sie durchgesetzt werden musste oder später ernstlich bedauert wurde. Die Selbstheilungskräfte der amerikanischen Demokratie haben sie bisher vor Dauerschäden bewahrt, nach einiger Zeit kam alles wieder ins verfassungsgemäße Lot. Ob das auch künftig so sein wird, kann man hoffen, aber nicht wissen, weil das Land in eine historisch neue Phase eingetreten ist.

Die Macht der Tatsachen bekam Washington schon bald nach dem Ende des Irak-Krieges zu spüren. Die Taliban und Saddam Hussein zu vertreiben, war für die erste Militärmacht der Welt leicht, aber schon die Kontrolle beider Länder schafft sie allein nicht, vom politischen Wiederaufbau ganz zu schweigen. Die Vereinigten Staaten haben sich mehr vorgenommen, als sie bewältigen können, sie brauchen Helfer, nicht zuletzt aus innenpolitischen Gründen. Die Jungs mehr als ein halbes Jahr in die Wüste zu schicken, ist nicht populär. Immer neue Dollar-Milliarden in ferne fremde Länder zu stecken, stört nicht nur die Haushaltswächter im Kongress. Kaum vorstellbar, dass die Falken im Pentagon demnächst einen Krieg gegen die anderen „Schurken" auf der „Achse des Bösen" riskieren können. Ihre Kriegsmaschine würde auch den Iran zusammenbomben, aber wer besetzt das große Land? An Nord-Korea würden die Chinesen amerikanische Soldaten heute so wenig heranlassen wie 1950 während des Korea-Krieges, als sie die Armee MacArthurs zum 38. Breitengrand zurücktrieben.

Aber Europas Hegemon wird Amerika bleiben, das Machtgefälle wird das Verhältnis auch künftig bestimmen. Um nicht unerträglich dominiert zu werden, bleiben Europa zwei Möglichkeiten. Es kann, was den Griechen seinerzeit nicht möglich war, es kann Nein sagen. Die Katastrophen für das deutsch-amerikanische Verhältnis, die nach Bundeskanzler Schröders Nein zum Irak-Krieg prophezeit wurden, sind nicht eingetreten. Paris und Berlin, später auch Madrid, haben die Grenze amerikanischer Macht und die Möglichkeit europäischer Eigenständigkeit gezeigt: Washington kann fast alles tun, was es will, Europäer können es nicht hindern; Washington vermag jedoch Europäer nicht zu zwingen, ihm auf allen seinen Wegen zu folgen.

Umgekehrt kann Europa der Supermacht nichts abnötigen, sondern nur manches abhandeln. Es kann, wenn es gebraucht wird, sein Ja zu amerikanischen Vorhaben an Bedingungen knüpfen. Es kann versuchen, Interessen zu schaffen, die Amerika den Verzicht auf einen Kraftakt empfehlen. Es kann Nachteile organisieren, die Washington raten, einen Konflikt mit Europäern zu vermeiden. Die klassische Formulierung einer solchen Politik verdanken wir einem Amerikaner: In seiner Friedensrede vom Juni 1963 beschrieb Präsident

John F. Kennedy, wie sich Amerika gegenüber der Sowjetunion, die es zu nichts zwingen konnte, verhalten solle: „Wir müssen unsere Politik so betreiben, dass es schließlich das eigene Interesse der Kommunisten wird, einem echten Frieden zuzustimmen."

Trotz Amerikas haushoher Überlegenheit befindet sich Europa keineswegs in schwacher Position. Nichts war falscher als Tony Blairs Bitte an den Kongres: „So geben Sie Europa nicht auf!" Amerika kann Europa nicht aufgeben und wird es deshalb nicht tun, die Gegenküste des Atlantik will es ebenso unter Kontrolle halten wie die ostasiatische Gegenküste des Pazifik. Nicht nur Europa braucht Amerika, auch Amerika braucht Europa, wird es künftig sogar noch mehr brauchen.

Schon jetzt erkennt Washington in Peking seinen späteren Rivalen. Je mehr China und andere asiatische Länder zu Herausforderern Amerikas heranwachsen, desto mehr wird Amerika auf die Europäer angewiesen sein – aber nicht mehr wie jetzt als Hilfsvölker zum Wachdienst und Aufräumen, sondern als Verbündete, die es als Partner zu respektieren hat. Auch wenn sich in Zukunft nicht ein Kampf der Kulturen entwickelt, der Jahrtausende alte Unterschied der Kulturen wird bleiben und sich umso stärker bemerkbar machen, je mehr seine Träger, allen voran China und Indien, wirtschaftliche und politische Macht gewinnen. Amerikaner wie Europäer werden zunehmend spüren, dass sie einander näher sind als irgendeinem anderen Teil der Welt.

Auch Römer und Griechen waren einander vor zweitausend Jahren näher als jedem anderen Volk, die Kultur der Antike, ohne die es weder Europa noch Amerika gäbe, war ihr gemeinsames Werk. Politisch aber nahm die Antike einen anderen Weg, als Amerika und Europa ihn gehen werden. Rom schuf ein Reich, in dem die Griechen zu Untertanen wurden; Amerika kann kein Empire gründen, in dem die Staaten Europas zu amerikanischen Provinzen werden und die Europäer nach längerer Einübung amerikanische Staatsbürger. Rom bestimmte die Zukunft Griechenlands, Amerika kann die Zukunft Europas nicht bestimmen, sondern darüber nur mitbestimmen – wie weit ihm das gelingt, wird in Europa entschieden.

Europa und Amerika werden ein Verhältnis zueinander finden müssen, das ihrem historischen Abstand entspricht. Die „Neue Welt" ist eine Epoche jünger als die „Alte Welt". Die Amerikaner wollen noch manches, was die Europäer nicht mehr wollen. Die Amerikaner möchten die Welt nach ihrem Bilde formen, die Europäer möchten von der Welt in Ruhe gelassen werden. Die Amerikaner werden sich, wenn sie es nicht lassen können, in der Welt austoben und sich dabei überanstrengen. Die Europäer können sich der Weltpolitik nicht entziehen, aber sie brauchen Weltpolitik nur soweit, wie ihre Sicherheit und ihre wirtschaftlichen Interessen es verlangen und wie sie zum Weltfrieden beitragen können. Weltpolitik also, damit Europa bleiben kann, wie es ist und künftig werden kann, wie es sein möchte. Friedliche Gesinnung genügt dafür nicht, militärische Kraft bleibt unentbehrlich, aber nur als Mittel zum Zweck und nicht als Selbstzweck wie für die Amerikaner.

Auch die Vereinigten Staaten werden einmal dort ankommen, wo sich die Europäer jetzt befinden. Und wenn sie sich dann immer noch mit dem römischen Imperium vergleichen, werden sie sehen, dass auch Rom älter und weiser wurde. Das Imperium Romanum hatte seine glücklichsten Zeiten, als es nicht mehr expandierte und, wo nötig, einen Limes baute und seine Kraft dem inneren Ausbau widmete. Europa muss nicht hinter Amerika herlaufen, es kann warten, bis auch die Amerikaner soweit sind.

Die Renaissance und die „Renaissancefähigkeit" der Gesellschaft

Dieter Mertens

Kann man von dem Zeitalter der Renaissance etwas lernen über Machbarkeit von Renaissancen, über die Fähigkeit von Gesellschaften, sich zu erneuern? Gar über Methoden, eine Selbsterneuerung zu bewerkstelligen? Können wir aus einer Epoche, die rund ein halbes Jahrtausend zurückliegt, die wir aber mit Aufbruch und Erneuerung verbinden, Leitlinien gewinnen für die Gestaltung der Gegenwart und der Zukunft?

Bis zur gegenwärtigen EU-Türkei-Debatte hätte kaum ein heutiger Historiker, schon gar nicht ein Historiker der neuesten Geschichte, glauben machen wollen, es könnten lang vergangenen Epochen der Geschichte direkte Anleitungen für politische Entscheidungen über die Gestaltung der Zukunft entnommen werden. Die Konstruktion geschichtlicher Verläufe und die Verlängerung ihrer Verlaufslinien in die Zukunft hinein müssen vielmehr Gegenstand kritischer Reflexion sein, damit man aus der Geschichte nicht nur das herausliest, was man zuvor hineininterpretiert hat. In die Renaissance ist seit Jakob Burckhardts wirkmächtigem „Versuch" über „Die Cultur der Renaissance in Italien" (1860) ganz Unterschiedliches hineingedeutet worden, nicht nur „die Entdeckung der Welt und des Menschen", man denke an Nietzsches und Gobineaus Entdeckung des Übermenschen. In der Tat gibt es nicht nur eine Dialektik der Aufklärung, sondern auch eine der Renaissance. Die Renaissance als Ursprung der Moderne, die mit dem Mittelalter bricht und der eigenen Zeit verwandt und nahe ist – dieses Bild gilt für Peter Burke nicht mehr. Es entspricht vielmehr der Selbstdeutung der vorherrschenden Vertreter der Renaissance. Unbestreitbar ist freilich, daß deren ansteckender Enthusiasmus eine wesentliche Ursache für den historischen Erfolg der Bewegung ist.

Es ist also nicht sinnvoll, die Renaissance oder ihre beredten Agenten, die Humanisten, direkt anzugehen und ihnen gar inhaltliche Nutzanweisungen abzuverlangen. Deshalb soll der Zugang indirekt gesucht und das Augenmerk auf formale Vorzüge gerichtet werden.

I.

In keinem anderen Zeitalter ist die Frage, ob man aus der Geschichte lernen könne, so begeistert und nachdrücklich bejaht worden wie in der Renaissance:

Die Geschichte sei eine Lehrmeisterin des Lebens, *historia magistra vitae*, so die sprichwörtlich gewordenen Wendung Ciceros. Cicero empfahl dem Redner, mit der erfahrungsgesättigten Autorität der Geschichtsbücher zu argumentieren, wenn er auf dem Forum eine Versammlung umzustimmen oder ein Gericht zu überzeugen versuche. Denn die Geschichte zeige die Zeitumstände, erhelle die Wahrheit, mache Erinnerung lebendig, belehre das Leben und gebe Kenntnis von alten Zeiten. In der Renaissancezeit wurde der Nutzen der Geschichte für die lebenspraktische Unterweisung mindestens ebenso hoch gewertet wie in der Antike, wenn nicht gar noch höher: „als eine Schule, ohne Schaden klug zu werden" (R. Koselleck). Sie sei von größtem Nutzen für die individuelle Lebensführung, für das soziale Leben und für das politische Gemeinwesen. Ciceros Wendung avancierte zum Schlagwort der Renaissance.

Zwei Argumente wurden zum Beweis der Richtigkeit des Schlagworts angeführt, ein didaktisches und ein erkenntnistheoretisches. Das didaktische Argument lautet: Wirksamer als die Vermittlung von Lehrsätzen sei die Überzeugungskraft von Beispielen, und Beispiele biete die Geschichte in Fülle. Dieses Argument bestimmt den Nutzen der Geschichtsdarstellungen moralpädagogisch und legt Wert auf die emotionale Aneignung normativer Vorgaben. Diesem Argument entsprach eine reiche Literatur, etwa thematischen Beispielsammlungen.

Intellektuell anspruchsvoller (aber anthropologisch einseitiger) ist das erkenntnistheoretische Argument. Es besagt: Die Überzeugungskraft konkreter historischer Beispiele sei deshalb so viel wirkmächtiger als die abstrakte Belehrung, weil hier aus dem Fundus vergangener Erfahrung moralisch richtiges oder falsches Handeln in seinen konkreten Umständen, weil politisches Gelingen oder Scheitern in ganz bestimmten Situationen vorgestellt und diskutiert werde. Der entscheidende Punkt ist das Konkrete. Der Erkenntniswert der Geschichte ist demnach durch eine allgemeingültig formulierte Ethik nicht zu ersetzen. Geschichte bietet vielmehr, so die Überzeugung, einen eigenen Erfahrungsbereich, der die Berücksichtigung der besonderen Umstände als ein Erfordernis ethischen und sachgerechten Handelns anhand von Beispielen lehrt. Geschichtsdarstellungen und Lebensbeschreibungen, die komplexere Zusammenhänge darstellen, entsprechen diesem Argument.

Aber nicht jede Geschichte betrachtete man in der Renaissancezeit als geeignete Lehrmeisterin. Unübertreffliche *magistra* war die antike Geschichte, zuallererst die römische. Sie lernte man in großenteils neu entdeckten, bisweilen auch nur mit neuen Augen wiedergelesenen, sprachmächtigen Geschichtswerken hohen und höchsten Ranges kennen. Als Fachleute für deren Erschließung etablierten sich die Humanisten. Wie die Juristen ihren „-isten"-Namen schon längst nach den *jura*, den Rechten, erhalten hatten, so bekamen nun die Humanisten ihren Namen nach den *studia humanitatis*. Dieser Ausdruck ist wiederum von

Cicero übernommen, er bezeichnete in der Renaissance aber nicht wie bei Cicero die allgemeine literarische Bildung, sondern einen Kanon von fünf Fächern, die das Gelingen synchroner und diachroner Kommunikation in der Gesellschaft sichern sollen: Grammatik, Rhetorik, Geschichte, Dichtkunst und Moralphilosophie. Diese Fächer bilden sozusagen den Werkzeugkasten der Antikerezeption, und die Humanisten sind diejenigen, die dieses Werkzeug (nach antiken Mustern) herstellen, es instandhalten, weiterentwickeln, mit der neuen Medienwelt des Buchdrucks verbinden und an die nächste Generation weitergeben. Ohne dieses Werkzeug können die Schätze der Antike nicht gehoben, aufbereitet und gesellschaftlich kommuniziert werden. Es dient der individuellen Weltorientierung, die zur überkommenen Orientierung in Spannung, wenn nicht in Gegensatz steht; es dient aber auch unterschiedlicher beruflicher Praxis, es kann dem sozialen Aufstieg dienen und das stolze Bewußtsein kultureller Leistung hervorbringen, das den Vorrechten des Geburtsadels entgegengehalten wird.

Für eine zukunftsorientierte Bildungsbewegung ist es nur konsequent, die neue Art des Wissens und Denkens, das erst in der geformten Sprache zur Wirksamkeit kommt, in der jeweils nächsten Generationen durch entsprechende Ausbildung zu verankern. Der Humanismus ist darum eine eminent pädagogische Bewegung, er entwickelt nicht nur ein neues Bild vom Menschen, sondern ganz konkret neue Lehrstoffe, Lehrmethoden und Lehrbücher. Die Revision des Bildungskanons wurde von den Logikern, den Verlierern dieses Prozesses, als unwissenschaftliche Vereinfachung kritisiert, doch zu unrecht. In den höheren Fakultäten blieb das Studium eine sehr harte Arbeit am Text ohne jedes Didaktisieren. Die italienischen Universitäten verdankten ihren unübertroffenen Ruf den hohen Anforderungen, die sie stellten. Im Bologneser Rechtsstudium konnte nur mithalten, wer die Vorlesungen neun Jahre lang regelmäßig hörte und die Rechtsbücher und die zugehörigen Kommentare Zeile für Zeile durcharbeitete. Es hieß: Italien reiche bekanntermaßen keine Milchspeise für Kinder, sondern hartes Brot. Nur das beharrliche Nacharbeiten zu Hause auf der Bude (das *studium camerarium*) mache den Gelehrten (Chr. Scheurl, 1509).

Mit Hilfe des Humanisten-Werkzeugs können die unterschiedlichsten Wissensbereiche (die freilich zunächst noch keine „Fächer" spezialisierter Fachleute sind) auf ihre Grundlegungen zurückbezogen, neu durchdacht und gestaltet werden. Dies gilt nicht allein für die Bereiche der Sprache, Literatur, Geschichte, Morallehre und Politik, die ja alle direkt mit der Art der Werkzeuge zusammenhängen und in die unmittelbare Kompetenz der Humanisten gehören. Dies gilt ebenso für die Wissenschaften der „höheren" Fakultäten der damaligen Universitäten: die Medizin, die Rechtswissenschaft und die Theologie, aber auch für die Mathematik, für viele Bereiche der Naturwissenschaften und Technik, für Malerei, bildende Künste und Architektur. Die Humanisten stehen darum im Zentrum der Renaissance. Je tiefer man in die römische und in die griechische Antike eindrang und je breiter man sie sich aneignete, umso mehr wuchs die Antike über die Rolle einer Lehrmeisterin neuer Verhaltensmuster, kluger Lebenspraxis und kluger Politik hinaus.

Daß die Renaissance sich zu einer umfassend dynamischen und zukunftsgerichteten Epoche entwickelte, hängt wesentlich mit der selbstbewußten und dynamischen Art und Weise zusammen, mit der sie sich zur Antike ins Verhältnis setzte. Erstens wollte man alles wiedergewinnen, was bereits in der Antike methodisch erarbeitet und dargestellt worden war, und zweitens wollte man auf dieser Basis weitergehen und Neues entwickeln, um die Antike noch zu überbieten. „Nachahmung" und „Wettstreit" lautete die Doppel-Maxime. „ ... über der Alten Erfahrung hinaus etwas Weiteres ... erfinden" sei der Zweck seines „Kräuterbuches", so der Botaniker Otto Brunfels (1532). Die Rezeption der griechischen Wissenschaftsliteratur bewirkte einen mächtigen Schub der „Nachahmung" und mehr noch des „Wettstreits" besonders in den Naturwissenschaften und der Mathematik. Dieser Wettstreit wurde fruchtbar durch die Zusammenarbeit der Buchgelehrten mit den Praktikern, seien es Pumpenmacher oder portugiesische Seefahrer, deren Erfahrung antikes Wissen außer Kraft setzen konnte („Heute lernen wir mehr an einem Tag von den Portugiesen als man in hundert Jahren wissen konnte durch die Römer", Garcia de Orta, 1563).

Der Wettstreit der Renaissance mit der Antike fand statt als Wettstreit der Wissenschaftler, Künstler und Techniker um die besten Leistungen und die intelligentesten Erfindungen. Das Streben nach Ruhm und Anerkennung erwies sich als kräftige Triebfeder kultureller Höchstleistungen. Die Investitionen der wirtschaftlichen und politischen Eliten in Kunst und Literatur ermöglichten sie. Zeitgenossen beschrieben den Wettstreit der Wissenschaftler, Künstler und Techniker nicht selten als einen Wettstreit der Nationen, in dem die Italiener lange Zeit die Maßstäbe setzten. Die Antike fungierte als stimulierende europäische Leitkultur, die man deshalb so nennen darf, weil sie niemandem gehörte und alle sich um sie bemühen mußten. Die Renaissance war zwar nicht die erste Epoche, die sich die Antike anzueignen suchte, aber sie war die selbstbewußteste. Frühere „Renaissancen" hatten die Antike fortsetzen wollen und sich als moderne Zwerge auf den Schultern antiker Geistesriesen definiert, die Renaissance-Humanisten aber haben die Antike für tot und vergangen erklärt, um sodann deren Wiederbelebung, Vergegenwärtigung und Überbietung als ihre eigene Leistung zu erklären. So hat die Renaissance in der Auseinandersetzung mit den antiken Grundlagen des Denkens und Wissens alte Tabus ignoriert und neue Horizonte erschlossen.

Die Renaissance als *magistra* – kann sie etwas lehren? Wenn man davon ausgeht, dass intellektuelle und künstlerische Innovation für die Formierung jener Aufbruchsepoche wesentlich waren, dann doch wohl dies: Daß der Erwerb kultureller Kompetenz gar nicht ernst genug genommen und nicht nachdrücklich genug gefördert und betrieben werden kann; daß kulturelle Leistung die Anerkennung der Kenner und der Gesellschaft braucht. Aber auch dies: Daß der Erwerb kultureller Kompetenz sich zuerst auf die eigene Kultur bezieht; daß die Durchdringung der eigenen Voraussetzungen des Denkens und Wissens also keine antiquarische Liebhaberei ist, sondern das unerläßliche Training für die selbstbewußte Teilnahme am kulturellen und wissenschaftlichen Wettbewerb.

II.

Die optimistische Überzeugung der Renaissance, die Geschichte sei ein riesiges Reservoir vergangener Erfahrungen, das dank der Geschichtsschreibung zugänglich sei und durch die passende Sammlung von Beispielen für Gegenwart und Zukunft genutzt werden könne, beruht auf einer Annahme, die seit dem späten 18. Jahrhundert zunehmend in Frage und schließlich in Abrede gestellt wurde: die Annahme, nur die Umstände wandelten sich, während der Mensch im Grunde derselbe bleibe und sich zu allen Zeiten im selben Erfahrungshorizont bewege. An ihre Stelle trat ein philosophischer Geschichtsbegriff: die Überzeugung von der Geschichtlichkeit als Wesenseigenschaft des Menschen, der Menschheit und aller Kultur; „Geschichte" erhielt einen fundamental neuen Sinn: sie sei der Motor ständiger Veränderung und unendlicher Entwicklung. Nur Neues unter der Sonne – folglich wurde die Rolle der Geschichte als ein Lehrbuch voller Geschichten und Beispiele für das Handeln in Gegenwart und Zukunft für beendet erklärt.

Welcherart Erkenntnis kann die Beschäftigung mit der Geschichte dann noch vermitteln? Bloß noch eine wenig nützliche Kenntnis der Vergangenheit, die nichts als vergangen ist? Oder erschließt sie das Wesen des Menschen? Den Entwicklungsgang der Menschheit, der Kulturen, der Völker und Staaten, der Gesellschaft? Womöglich dessen Gesetzmäßigkeit oder gar Höherentwicklung und zielgerichteten Fortschritt? Oder die „erhabene Zwecklosigkeit" der Kulturen (O. Spengler), die „ewige Neugeburt wertvoller historischer Individualitäten" (F. Meinecke)? Die Individualität gegenwärtiger Kulturen? Oder, vom Subjekt her gedacht, das sich aus der Geschichte ohnehin nicht heraushalten kann, auch nicht zum Zweck geschichtlicher Erkenntnis: Das zu vernehmen, was sich für unsere Fragen als bedeutsam erweist (H.-G. Gadamer)?

Fraglos legitim und notwendig scheint das Lernen aus selbsterlebtem, gar noch selbstverursachtem Schaden zu sein. Aus eigenem statt aus fremdem Schaden klug zu werden, ist die teure Schule der gebrannten Kinder. Die Bundesrepublik Deutschland, die Bonner wie die Berliner Republik, ist in dieser Weise auf die jüngere deutsche Geschichte bezogen. Diese wird freilich den nachfolgenden Generationen immer weniger als eine Schule des eigenen Schadens erscheinen können. Um das zunächst fraglos Bedeutsame auch weiterhin des Fragens wert zu halten und damit auch künftig als geschichtlich bedeutsam zu begreifen, ist der Sinn kultur- und geschichtspolitischer Anstrengungen.

Eine spektakuläre Anstrengung dieser Art ist die Errichtung des Berliner „Denkmals für die ermordeten Juden Europas", des sog. Holocaust-Denkmals. Es ist spektakulär durch die künstlerische Konzeption, die außerordentliche Größe, den prominenten Platz und die differenzierten Funktionen. Daß damit die Deutschen sich zugunsten der Zukunft *ihres* Nationalstaates an fundamentale Vorgänge *ihrer* Geschichte als *ihre* Schadens-Schule erinnern, ist evident. Darum müßte das Holocaust-Denkmal angemessenerweise „Denkmal für die *Ermordung* der Juden Europas" heißen (ungeachtet der beabsichtigten „Personalisierung der Erinnerung" im unterirdischen „Ort der Information", denn die Erinnerung an Leid, an erlittenes wie zugefügtes, verlangt immer die „Personalisierung"). Der Name „Denkmal für die ermordeten Juden Europas" ist eine Beschönigung, er trägt den Mangel an Klarheit, den Makel politischer Designer-Sprache, allzu deutlich auf der Stirn. Das Berliner Holocaust-Denkmal steht für die *Ermordung* der Juden, für „die *ermordeten* Juden in Europa" steht Yad Vashem.

Als legitime Lehre aus der erlebten Geschichte wurde in der Bundesrepublik ebenfalls, wenn auch nicht überall sofort, die Politik der europäischen Einigung akzeptiert. Die Aussöhnung mit Frankreich zeitigte kulturpolitische Folgen durch die Förderung von Kontakten auf verschiedenen Ebenen und die Förderung des Erwerbs kultureller Kompetenz. Dieser Elan ist inzwischen freilich erloschen. Das Aussöhnungswerk hat immerhin eine von der jüngeren nationalen „Erbfeindschaft" verdeckte ältere Tradition der intellektuellen und künstlerischen Befruchtung und Symbiose freilegen helfen, die beispielsweise von Abaelard bis Bourdieu und Derrida, vom 11. Jahrhundert bis zur Gegenwart reicht und die in die Zukunft reichen wird. Leider hat die Osterweiterung der Europäischen Union kaum vergleichbare, den osteuropäischen Ländern entsprechende kulturpolitische Bemühungen ausgelöst. Dabei ist das Modell des kulturellen West-Ost-Gefälles, das Jahrhunderte lang das Verhältnis Frankreichs zu Westdeutschland und Westdeutschlands zu den östlichen Gebieten und Reichen bestimmte, ist als Modell eines Kulturverlaufs schon lange nicht mehr gültig.

Wie in der Gedenkpraxis zum Ausdruck kommt, verbleibt das Lernen aus selbsterlebtem oder selbstverursachtem Schaden, aus der Geschichte als Schadens-Schule, in der nationalen Dimension, dem camouflierenden Titel der Gedenkstätte zum Trotz. Als nationale Schule lehrt sie indes nicht genug, sofern jedenfalls das europäische Projekt nicht aufgegeben ist zugunsten eines bloß nationalen Konkurrierens im Rahmen der EU. Die eigentlich europäische Vergangenheit ist die Zeit *vor* der Entstehung des modernen Nationalstaats, auch die Renaissance gehört der vornationalen Epoche an. Diese Epoche kann aus heutiger, europäischer Sicht interessanter sein als die nationale. Doch die Oberstufenlehrpläne der Höheren Schulen berücksichtigen die vornationale Epoche kaum; geeignete Lehrbücher einer europäischen Geschichte gibt es nicht. Darum öffnet sich hier ein weites Feld für Förderprogramme z.B. der EU.

Nun hat die Epoche der Renaissance sich keineswegs den nationalen Geschichten verschlossen, sie hat im Gegenteil die nationale Historiographie grundgelegt. Man hat geradezu von der „Nationalisierung Europas im Diskurs humanistischer Intellektueller" gesprochen (H. Münkler). Die alteuropäischen Nationen sind allerdings sozial und ideell anders strukturiert als die modernen Nationen. Die vormodernen Nationen setzen sich aus ungleichen Ständen, nicht aus gleichen Individuen zusammen, sie kennen noch nicht den Staatsbürger, der unmittelbar zur Nation ist, und sie nehmen nicht Individuen für säkularreligiöse Letztwerte in Beschlag. Sie verstehen sich zudem jeweils als Teil Europas oder der christlichen Völker. Dass jede Nation besondere Vorzüge, Aufgaben oder Würden für sich in Anspruch nimmt, geschieht in diesem Rahmen. Die humanistischen Nationalgeschichten – deren Verfasser mehrfach gar nicht aus der Nation stammen, deren Geschichte sie beschreiben – richten sich ebenso „nach außen" an die Wortführer der anderen europäischen Nationen, denen sie die Nationalgeschichten berichten (die darum in der europäischen Hochsprache Latein verfaßt sind), wie „nach innen" an die eigenen Eliten. Daher intendieren die vormodernen Nationalgeschichten die wechselseitige Wahrnehmung der Nationen in Europa, wogegen die modernen Nationalgeschichten einzig die moderne Nation und ihre Staatsbildung geschichtlich legitimieren möchten (und in den Nationalsprachen verfaßt sind).

Für ein künftiges europäisches Geschichtsbuch wäre es ein guter Ausgangspunkt, wenn sich die Europäer wechselseitig ihre nationalen Mythen erzählen. Dies könnte wesentlich zum gegenseitigen Verständnis beitragen und die Suche nach einer gemeinsamen Geschichte fördern. Gleichzeitig könnten die nationalen Mythen neu (und gemeinverträglich) kodiert werden. Die Aufarbeitung der nationalen „Gedächtnisorte", der französischen *lieux de mémoire* Pierre Noras und der Noras Anregungen aufgreifenden Werke für Deutschland und Mitteleuropa, bietet einen ungleich besseren Einstieg in eine (wie auch immer geographisch definierte) europäische Geschichte in Gestalt einer fast notwendig zu kurz greifenden vergleichenden Forschung, die oft genug binationale Vergleiche für europäische ausgibt.

Das Europa, dem sich die Humanisten der Renaissancezeit zugehörig wußten, sahen sie als einen von den osmanischen Eroberungen in Europa, im Nahen Osten, in Ägypten und Nordafrika, lebensbedrohlich eingeschnürten und bedrängten „Winkel der Erde". Dies war eine Situation, aus der die Eschatologie, die Erwartung des nahen Endes der Geschichte einen möglichen Ausweg bot, aber eben auch die selbstbewußte Ausrichtung der eigenen Traditionen auf eine Zukunft der Geschichte. Dazu gehörte gehört auch der buchstäbliche Aufbruch zu neuen Ufern: die forcierte Erkundung des Atlantik durch Portugiesen und Spanier und schließlich die Gründung mehrerer „neuer Europa" (W. Reinhard) in Übersee. Dieses bedrohte Europa der Humanisten kann freilich kein Muster künftiger Europa-Konzeptionen sein, und die Gründung „neuer Europa" überall in der Welt kein Muster für die Gestaltung der Globalisierung. So wichtig es ist, dass die europäischen Nationen einander ihre Geschichten verständlich machen und wechselseitige kulturelle Kompetenz entwickeln, so wenig reicht das im Zeitalter der Globalisierung aus. Die Erfolge der Unifizierung der weltweiten Wirtschaftsabläufe und der naturwissenschaftlichen Forschung werden konterkariert, wenn sie mit einer unifizierenden Reduktion der kulturellen Kompetenz einherginge. Aber eben das geschieht z.B. in der deutschen Hochschulpolitik, wie die Schließung einschlägiger „kleiner" Fächer etwa in Hamburg illustriert. Der Irakkrieg und seine Folgen zeigen im Zeitraffer, was für den globalisierten Krieg gegen den Terror insgesamt und für die Globalisierung überhaupt gilt: daß die Mißachtung kultureller Kompetenz kontraproduktiv und teuer ist, ihre Förderung hingegen eine Investition in die nachhaltige Sicherung einer gemeinsamen Zukunft ist. Dies also könnte man aus der Geschichte lernen.

Griechen, Römer und die Erneuerung von Zivilisationen

Hans-Joachim Gehrke

Die Griechen und die Römer haben das Neue und die Innovation eher verteufelt. *Neoterismós*, d. h. Neuerungssucht, war in Griechenland eine durchaus negative Tendenz, Begriffe wie das „väterliche Gesetz" oder die „von den Vätern ererbte Verfassung" (*pátrios nómos, pátrios politeía*) konnten einen vorbildlichen Zustand bezeichnen. Erst recht haben die Römer ihren *mos maiorum*, die „Sitte ihrer Vorfahren" idealisiert. Sie scheuten sogar davor zurück, Einrichtungen und Institutionen, die obsolet geworden waren, direkt abzuschaffen. Auf der anderen Seite zeigten beide Zivilisationen ein höchst beachtliches Innovationspotential. Die Griechen haben – allem Anschein nach ohne ein echtes Vorbild – ganz eigenständige Formen politischer Organisation entwickelt, die auf Selbstbestimmung und Freiheit gegründet waren. Gerade die römische Kultur zeigt eine hohe Anpassungsfähigkeit, die sich ebenfalls im Bereich der Ordnung des Gemeinwesens zeigte. Die ihnen selbstverständliche Republik verwandelten sie in eine zwar ungeliebte, aber doch ungemein stabile und wirkungsmächtige Monarchie. Die Bezeichnung, die sie dafür wählten, zeigt im übrigen, wie die Verbindung von Bewahren und Erneuern ‚funktionierte': Sie sprachen im Hinblick auf die von Augustus etablierte Form der Alleinherrschaft, des Kaisertums, von „wiederhergestellter Republik" (*res publica restituta*).

Ähnliches lässt sich in vormodernen Gesellschaften immer wieder konstatieren. Sie waren prägnant auf Tradition und auf die Wahrung überlieferter Normen orientiert. Sofern sie zur Erneuerung fähig waren, verstanden und bezeichneten sie diesen Vorgang aber als die Neu-Etablierung eines alten und als besonders gut angesehenen Zustandes. In einer spezifischen Dialektik wurde die Vergangenheit idealiter überhöht und dann einer als Ergebnis von Dekadenz verstandenen Gegenwart gegenübergestellt, die es im Sinne der stilisierten Vergangenheit zu verbessern galt. Der aktuelle Begriff der ‚Reform', der für ein heute weit verbreitetes Innovationsgehabe steht, trägt diese traditionelle Dialektik noch in sich, auch wenn die eigentliche Konnotation verloren gegangen ist: die *reformatio*, die vor allem im historisch-konfessionellen Begriff der Reformation greifbar ist. Es ging nicht darum, etwas schlechterdings Neues zu schaffen, sondern einen ursprünglichen und als solchen guten Zustand wieder Gestalt annehmen zu lassen (*re-formare*).

Diese charakteristische Legitimierung des Neuen vor der Tradition scheint in der Moderne verschwunden zu sein. Das Neue gilt geradezu als ein Wert an sich, vor einer in innovativem Sinne geplanten Zukunft hat sich das Bestehende, und mit ihm die Tradition, zu legitimieren. Ja man kann diese nicht minder charakteristische Sichtweise geradezu als Kennzeichen der Moderne bezeichnen. Aber trifft diese Aussage in ihrer Zuspitzung wirklich zu? Gibt es nicht auch heute eine vergleichbare Dialektik mit sozusagen umgekehrtem Vorzeichen? Steckt nicht in dem Neuen ebenso ein Anteil von Traditionellem, wie in dem ‚Reformierten' ein solcher des ganz Neuen? Gerade wenn man auf Erneuerungen im Bereich des Zivilisatorischen und Kulturellen (ich nehme die Begriffe hier als Synonyme), auch auf aktuelle, schaut und dabei hinter die Fassaden der Innovationsrhetorik blickt, gelangt man zu aufschlussreichen Beobachtungen.

Um diese zu präsentieren, muss ich etwas weiter ausholen und dort ansetzen, wo sich soziale und kulturelle Phänomene wechselseitig bedingen. Ich beziehe mich auf die Formierung von Gemeinschaften, Gruppen, Kollektiven in möglichst umfassendem Sinne und das für diese Formierung und mithin die Identität der Gemeinschaft relevante Selbst- und Fremdverständnis, also ein entscheidendes Element ihrer kulturellen Prägung. In diesem Rahmen spielt nun das Geschichtsverständnis eine zentrale Rolle. Ohne ein solches kann das Kollektiv nicht als Generationen übergreifende und sich auch diachron bewährende Entität existieren. Man spricht in diesem Zusammenhang von *mémoire collective*, kulturellem Gedächtnis, Eigengeschichte oder intentionaler Geschichte und meint jeweils das für die Identität und den Erhalt einer Gruppe relevante Verständnis von Vergangenheit, eben ihre Geschichte, wie sie Bestandteil der Vorstellungswelt, des *imaginaire* der Gruppe ist. In dieser Art von Geschichte sind Vergangenheit und Gegenwart (und damit auch die Zukunft) massiv aufeinander bezogen. Gerade der eingangs erwähnte Begriff der Restitution gehört in dieses gedankliche Milieu. Fast regelmäßig neigen wir dazu, derartige Geschichtsbilder mythisch zu nennen, und in der Tat sind Mythos und Sage charakteristische Formen solcher Tradition.

In der Moderne scheint dies zerrissen zu sein. Die gewaltigen und unerhörten Umbrüche am Ende des 18. Jahrhunderts und die sich dann breit machende Erfahrung ungekannter Beschleunigung, die den Prozess und das Bewusstsein der Moderne einleiteten, brachten auch ein entsprechendes Verständnis von Vergangenheit mit sich, das des Historismus. In diesem war gerade der traditionelle Zusammenhang von Vergangenheit und Gegenwart zerrissen. Die qualitative Andersartigkeit des Vergangenen trat in den Vordergrund, die Bezüglichkeit wurde relativiert, indem die jeweiligen ‚Geschichten' anderer und die verschiedenen Epochen Eigengewicht gewannen, um ihrer selbst willen Gegenstand von Forschung waren. Nach Leopold von Ranke war jede Epoche „unmittelbar zu Gott". Wesentlich war in diesem Zusammenhang ferner, dass sich diese neue Form der Historie dezidiert als Wissenschaft verstand und auf die Einhaltung entsprechender Methoden gründete. Der Philosoph Joachim Ritter hat – in Zeiten größeren Fortschrittsoptimismus als den jetzigen – diesen Zusammenhang von Modernität und Geschichtswissenschaft besonders eindringlich formuliert:

Er betont, „dass sich der in den Geschichtswissenschaften verwirklichende ‚historische Sinn' grundsätzlich und wesentlich von dem unterscheidet, wie sich Völker sonst in der Kontinuität ihres geschichtlichen Lebens zur Vergangenheit verhalten. Historie ist bei ihnen immer die den Zusammenhang des eigenen Seins wahrende Mnemosyne, das Erinnern, in dem gegenwärtig bleibt, was zur Gegenwart als ihre eigene Größe und ihr eigenes Geschick gehört... Dem gegenüber lässt sich der moderne ‚historische Sinn', wie er zuerst in der historischen Wissenschaft, dann aber auch den anderen Geisteswissenschaften zugrunde liegt..., gerade dadurch kennzeichnen, dass er aus solcher unmittelbar zum geschichtlichen Dasein gehörigen Einheit von Geschichte und Historie herausgetreten ist. Er bildet im Verhältnis zu ihr schlechthin die so nur im Zusammenhang der modernen Gesellschaft und Zivilisation gegebene Ausnahme... <So> gehört die Ausbildung der Wissenschaften von der Geschichte und der geschichtlichen, geistigen Welt des Menschen zu dem realen Prozess, in dem sich die moderne Gesellschaft in Europa, jetzt überall auf der Erde in der Emanzipation aus den ihr vorgegebenen geschichtlichen Herkunftswelten konstituiert" (J. R., Die Aufgabe der Geisteswissenschaften in der modernen Gesellschaft [1961], zitiert nach: H. Schelsky, Einsamkeit und Freiheit. Idee und Gestalt der deutschen Universität und ihrer Reformen, Reinbek 1963, S. 281).

Auch wenn man in der Postmoderne solche Emphase nicht mehr an den Tag legt, so ist doch ein entsprechendes Verständnis von Wissenschaft und Geschichte immer noch sehr verbreitet. In dem Maße, in dem Wissenschaft nach wie vor die Deutungshoheit besitzt, bezieht sich dieser Modus von Geschichte auch auf die geschichtliche Sinnstiftung moderner und postmoderner Gesellschaften. Ob das aber wirklich zu einer „Emanzipation" vom Traditionsbestand geführt hat, ist noch die Frage, und mit einer solchen Problematisierung ließen sich die oben erhobenen Fragen nach der Dialektik von Alt und Neu konkretisieren. Ich möchte hieran aber schon meine These anknüpfen: Ich würde behaupten, dass die historistisch-wissenschaftliche Geschichte für uns bzw. in der Moderne die Funktion der intentionalen Geschichte und des Mythos hat und dass die beanspruchte Fundamentaldifferenz so nicht besteht.

Man könnte in diesem Zusammenhang bereits auf die Akteure verweisen, die an den erwähnten Umbrüchen des 18. Jahrhunderts maßgeblich beteiligt waren. Sowohl die Väter der amerikanischen Verfassung als auch die französischen Revolutionäre haben sich in höchst markanter Weise auf eine Vergangenheit berufen, mit der sie sich – als Kinder der Aufklärung – in besonderer Weise identifizierten, auf die Antike, insbesondere die klassische Antike, also die Griechen und Römer. Wenn man die Freiheit, die man meinte, aus den Wäldern Germaniens gekommen sah, dann zeigte das zunächst, dass man seinen Tacitus studiert hatte. Für die Debatten über die föderale Struktur der Vereinigten Staaten von Amerika griff man auf antike Angaben über bundesstaatliche Verfassungen zurück. Und zur Begründung für die radikalen Vorschläge zur Bodenreform während der Französischen Revolution (*loi agraire*) bezog man sich auf die Ackergesetze der Gracchen. Gerade das war offenbar nötig, um das Unerhörte, das man unternahm, innerlich in Angriff nehmen zu können, um – wie Hannah Arendt unterstrichen hat – den Mut dazu zu finden.

Aber diese Beispiele gehen ja eigentlich, wenn man so will, der Moderne voraus, insofern sie sie nämlich erst ‚einläuteten'. Und so mag man den Akteuren hier durchaus noch ein im o. a. Sinne ‚reformartiges' Denken und Handeln zuschreiben, da sich das Neue eben vor der Tradition zu rechtfertigen hatte. Schauen wir also dorthin, wo sich die moderne Geschichtswissenschaft entfaltete. Dort sehen wir aber, neben vielem anderen, sogleich eine Verbindung der neuen zünftigen, auf kritisch-philologischen Umgang mit den Quellen orientierten und insofern wissenschaftlichen Geschichtsforschung mit der für die Romantik charakteristischen Suche nach den Wurzeln und Ursprüngen des eigenen Volkes. Die vom Freiherrn vom Stein begründete, den neuen gelehrten Ansprüchen sich stellende Quellensammlung der *Monumenta Germaniae Historica*, der „Historischen Denkmäler Deutschlands" – noch heute ein ‚Flaggschiff' wissenschaftlicher Geschichtsforschung – stand und steht unter dem Motto: *sanctus amor patriae dat animum*, etwa: „die heilige Liebe zum Vaterland verleiht Mut" – oder „Geist" (im Sinne von *spirit*). Es ist nun gerade ein Kennzeichen der modernen Geschichtswissenschaft, dass sie sich gleichsam parallel zum Nationalismus, genauer, in enger Verschlingung mit diesem entwickelte. Geschichte war im wesentlichen Nationalgeschichte und prägte den neuen Diskurs des Nationalen wesentlich mit. Sie rechnete sogar mit der Größe des Völkischen, und zwar eines biologisch verstandenen, als einer geschichtlichen Zentralkategorie.

Die ‚neue' Form der Geschichte war eben nicht nur ein Kind der Aufklärung, sondern auch der Romantik. Immer wieder zeigte sie ein Potential zur Kritik an der Tradition und zur Relativierung des anscheinend Gegebenen, eine Bereitschaft zur Erschließung anderer Welten und zum Verständnis des Fremden. Andererseits aber schaute sie auf die eigenen Wurzeln und ließ sich leicht für Prozesse der Stiftung kollektiver Identität gebrauchen. Da spielte zunächst das Mittelalter eine wesentliche Rolle, aber nicht vergessen war, was schon die Humanisten entdeckt hatten: die antiken Wurzeln der europäischen Völker. Denn auf hohes Alter kam es an, Ursprung und Herkunft waren wichtig. Und was im Humanismus der Renaissance noch im wesentlichen intellektueller Diskurs war, wurde nunmehr *mainstream*. Als solches wurde es Teil des kulturellen Gedächtnis der europäischen Nationen, und damit selbst wieder zum Mythos. Dieser war wirksam, weil er sich als Ergebnis wissenschaftlicher Forschung geben konnte und weil vieles ja durchaus nicht abzustreiten war. Im Hinblick auf „Hermann, den Cherusker" konnten sich die Deutschen immerhin auf Tacitus berufen, so wie die Franzosen mit Vercingetorix auf Caesar zurückgreifen konnten. Es sind ja gerade die Halbwahrheiten, welche den Mythos so attraktiv und gefährlich machen.

In dem Maße, in dem nationale Tendenzen auch politisch zurückgetreten sind, hat sich auch diese Form von Geschichte und ihrer Instrumentalisierung reduziert. Die aktuelle internationale Geschichtswissenschaft bietet ein anderes Bild. Aber die genannten Tendenzen sind damit keineswegs obsolet geworden, zumal angesichts des *rebirth of nationalism*, der seit den neunziger Jahren des letzten Jahrhunderts spürbar wurde. Da es immer um Alter und Anfänge, Wurzeln und Ursprünge geht, spielt die Alte Geschichte hierbei nach wie vor eine große Rolle, in wachsendem Maße aber auch die Archäologie. Dies war schon immer so, verstärkt sich aber heute noch. Die Archäologie zeigt gerade als Grabungsarchäologie einen betont szientifischen Zuschnitt, was ihr Legitimierungspotential vergrößert. Zudem erweckt das von ihr zutage geförderte Material den Eindruck unmittelbarer Authentizität und lässt zugleich sehr große Interpretationsspielräume, mithin auch viel Möglichkeiten zur Instrumentalisierung. Auf diesem Felde gibt es zahlreiche Beispiele. Man denke etwa daran, in welcher Weise archäologische Forschungen in Nordgriechenland zur Frage der Gräzität der antiken Makedonen genutzt werden, nicht zuletzt im Kontext der Debatten zwischen Athen und Skopje. Oder man studiere die Art, wie die offizielle türkische Politik die Ausgrabungen in Troia („Wiege der europäischen Kultur") ihrem Streben nach Zugehörigkeit zur Europäischen Union dienstbar macht.

Damit aber sind wir bei einer anderen Facette unserer Thematik. Vergleichbar den sich im 19. Jahrhundert neu formierenden Nationen schafft sich derzeit Europa die geistig-mentale Infrastruktur für seine Identität. Dabei treten stärker die zivilisatorischen als die nationalen Traditionen in den Vordergrund. Generell schieben sich in Zeiten der Globalisierung Fragen der kulturellen Zugehörigkeit (die nicht zuletzt auch die religiöse umfasst) in den Vordergrund. Das vor nicht langer Zeit von Samuel Huntington entfaltete Horrorszenario ist nicht mehr der Kampf der Völker oder der Systeme, sondern der *clash of civilisations*. Es ist zweifelsfrei zu erwarten, dass Europa, will es seinen Zusammenhalt intensivieren, ihm angemessene Geschichtsvorstellungen entwickeln, sich eine entsprechende Geschichte schreiben wird. Es sind ja schon deutliche Ansätze dazu erkennbar. Es ist ebenso selbstverständlich, dass es dabei um Kontinuitätslinien geht, die in möglichst alte Zeiten zurückreichen. Mithin werden Griechen und Römer dabei eine wichtige Rolle spielen, wie ja ebenfalls schon klar erkennbar ist. Und ebenso sicher ist, dass auch damit Europa sich und sein Verhältnis zu den anderen definieren und dass sich dies im Prozess der Globalisierung massiv auswirken wird.

Hier sind wir nun selber gefragt. Es geht um unsere Zeit und unsere Zukunft. Mit den Stichworten „europäische Identität" und „Kulturen im Prozesse der Globalisierung" sind Felder angesprochen, auf denen sich wesentliche Erneuerungsprozesse abspielen. Im Sinne meiner These wäre zu fragen, wieweit sich in diesen Prozessen des Innovativen auch wiederum alte Traditionsbestände bzw. traditionelle Orientierungen halten, vergleichbar denen der ersten Phase der Modernisierung, von denen die Rede war, mögen sie bewusst eingesetzt sein oder lediglich Relikte ‚abgesackten' Bildungsgutes. Als Historiker wird man dabei relativ schnell fündig, und das bringt uns wieder zu den Griechen und Römern.

Europa ist eine griechische Erfindung. Als solche gehört sie zunächst in die Geographie des 6. Jahrhunderts v. Chr. Damals unterschieden griechische Intellektuelle, anfangs sehr schematisch-geometrisch, zwischen den Teilen der Erde. Es gab zunächst nur Asien und Europa, in der südlichen und in der nördlichen Hemisphäre gelegen. Bald lernte man, Afrika als dritten Erdteil von Asien abzutrennen, die relative Lokalisierung Europas und Asiens zu verbessern und die Grenzziehung zwischen Europa und Asien zu präzisieren. Entsprechend der seinerzeit üblichen Verbindung von geometrischen Figuren und markanten, empirisch fassbaren Raumstrukturen zog man die Trennungslinie zwischen Europa und Asien durch den Hellespont und den Bosporus und weiter durch das Schwarze und das Asowsche Meer. Diese Linie setzte sich durch. Aber sie war zunächst reiner Schematismus und nicht mehr als Konvention von Geographen.

Bald wurde sie freilich politisiert, und zwar in der griechischen Deutung der Perserkriege (490 und 480/79 v. Chr.), wie wir sie vor allem bei dem griechischen Historiker Herodot, dem „Vater der Geschichtsschreibung", finden. Bei den Kriegen handelte sich in dieser Interpretation um eine globale Auseinandersetzung zwischen Griechen und Nichtgriechen, also Hellenen und Barbaren, die sich in zwei Blöcken gegenüberstanden. Zugleich war der persische Großkönig, der Führer der Barbaren, auch der Herr über Asien, während Europa gleichsam von den Griechen repräsentiert wurde. Das stimmte nur *grosso modo*, weil auch in Asien (d. h. Kleinasien) Griechen lebten. Aber man nutzte die geographische Markierung auch in den folgenden Jahrhunderten immer wieder zur Abgrenzung politischer Interessensphären oder Grenzen. Die Karte im Kopf erhielt so eine substantielle Bedeutung, die sie bis heute hat.

Zugleich war der Konflikt zwischen Europa und Asien, West und Ost, in griechischen Augen aber auch ein Konflikt der Lebensstile und Normvorstellungen, sozusagen ein Kampf der Kulturen. Die Griechen standen für Freiheit und Maß, die Barbaren und ihr König für Despotie und Hybris. Es handelt sich hier, das darf man nicht vergessen, um eine zugespitzte Interpretation, aber sie hat sich mindestens in den Köpfen festgesetzt und lebte als antithetische Erinnerungsfigur fort. Sie wurde immer dann besonders virulent, wenn sich eine ähnliche Konstellation ergab, so etwa als die Herrscher von Pergamon im 3. und 2. Jahrhundert v. Chr. ihren Kampf gegen die – „barbarischen" – Galater als Kampf für Freiheit und Zivilisation der Griechen dezidiert in die Tradition der Perserkriege stellten. Besonders deutlich wurde das im 3. nachchristlichen Jahrhundert, als die Römer unter ihrem Kaiser Gordian III. (238-244) gegen das Neupersische Reich einen Krieg führten, den sie sehr gezielt als Kampf gegen den Orient und für die Ordnung der eigenen Zivilisation stilisierten.

Die globale und säkulare Gegensatzfigur hat nun bei der Herausbildung moderner Vorstellungen von Europa und westlicher Zivilisation eine sehr große Rolle gespielt, und sie ist schon von daher den angesprochenen aktuellen Prozessen als Traditionsbestand – bewusst wahrgenommen oder nicht – eingeschrieben. Das zeigt sich besonders an der Qualifizierung der griechischen Siege von Marathon, Salamis und Plataiai. Bedeutende Intellektuelle, Künstler und Wissenschaftler (genant seien nur *exempli gratia* Georg Wilhelm Friedrich Hegel, John Stuart Mill und Thomas Mann) haben diese Ereignisse immer wieder so gedeutet, als hätten hier die Griechen Europa und die westliche Zivilisation verteidigt oder gar gerettet. Von dieser Deutung zeugt noch der Marathonlauf, der zu Ehren der Marathonkämpfer in das Programm der Olympischen Spiele der Neuzeit aufgenommen wurde.

Nun war die griechisch-römische Gegensatzfigur nicht die Grundlage vollständiger Exklusion und Ausgrenzung. Sie gab auch nicht die Basis für Kreuzzüge oder kreuzzugsartige Kriege ab; die erwähnten Instrumentalisierungen waren eher Elemente von Selbstdarstellung und Legitimierung. Immerhin aber war im Römischen Reich ein bestimmtes Weltbild verbreitet: Die bewohnte Welt (*oikuméne*) fiel im wesentlichen mit dem Reich selbst zusammen. Dieses war ein Reich der Ordnung und des Friedens, um das herum marginale Feinde drängten, die es aber in Schranken halten und durch zunehmende Kultivierung auch integrieren konnte. Diese Vorstellung übernahmen naturgemäß auch die Christen, die schließlich, infolge der Christianisierung des Reiches, geradezu ihre Träger wurden.

Der Gedanke von der Einheit des Reiches, letztlich aber auch von der Einheit von Reich und Welt beherrschte auch das Mittelalter. Die reale Spaltung in ein Ost- und ein Westreich, später die Existenz des Heiligen Römischen Reiches neben dem sogenannten Byzantinischen Reich war im Grundsätzlichen nicht problematisch. Man hatte längst gelernt, zwischen Idee und Realität zu unterscheiden und wurde mit dieser Doppelung auch gut fertig, ideell wie diplomatisch. Auch im Christentum blieb der Grundgedanke der Einheit erhalten, schon wegen des christlichen Glaubens selbst und über das Schisma von 1054 hinaus, wie sich in der Zeit der Kreuzzüge und noch angesichts der Katastrophe von Konstantinopel zeigte. Diese Art von Einheit war insgesamt nicht besonders effektiv, aber doch eine Vorstellung, an die man appellieren konnte, zumal wenn man einen gemeinsamen Gegner hatte.

Wie das Stichwort der Kreuzzüge signalisiert, brachten die monotheistischen Religionen mit einem auf Glauben gestützten und auf Handlung orientierten Drang zur Konversion anderer eine neue Dynamik in die Spannung von Reich und Zivilisation einerseits, Marginalität und Barbarei andererseits hinein, nämlich dann, wenn der Ungläubige gleichsam die Rolle des Barbaren übernahm und sich Konzepte von gewaltsamer Missionierung (eben die radikale Variante des *dschihad* und die Idee der Kreuzzüge – übrigens nicht selten in wechselseitigen Reaktionen) durchsetzten.

Wir finden also zwei unterschiedlich starke dichotomische Diskurse, den eher zivilisatorischen vom Barbaren und den religiösen vom Ungläubigen bzw. vom Heiden. Daneben konnte man sich, in Anlehnung an die alttestamentliche Völkertafel und an antike Genealogien, die verschiedenen Kollektive, Stämme und Völker, in einem zwar Differenzen markierenden, aber doch kraft letztlich gemeinsamer Herkunft prinzipiell inklusiven Gesamtrahmen vorstellen. Um die Mitte des 15. Jahrhunderts, in der Konstellation des so genannten Türkenkrieges, erstmals im Umfeld mit der Bedrohung und Eroberung von Konstantinopel (1453), kamen die beiden dichotomischen Diskurse, der zivilisatorische wie der religiöse, zusammen, und zwar in der Kreuzzugspropaganda des Papstes Pius' II. (Enea Silvio Piccolomini), der zugleich ein erstrangiger humanistischer Gelehrter war. Die klassische Barbarenfigur unterlag damit einer handlungsleitenden Zuspitzung. Während die Türken zuvor bei den Humanisten als Abkömmlinge der Trojaner galten und damit nach gängigen Vorstellungen nicht nur Verwandte der alten Römer, sondern auch vieler gleichzeitiger Völker, Stämme und Städte waren (etwa der Franzosen und Engländer), identifizierte man sie nun mit den Barbaren bzw. dem Barbarischen, indem man konsequent alle Aspekte und Facetten der antiken Barbarentopik auf sie übertrug. Zugleich proklamierte man gegen sie einen Kreuzzug neuen Typs.

Während die Kreuzzugspropaganda keinen unmittelbaren Effekt hatte, entfaltete der Barbarendiskurs eine enorme Wirksamkeit. Denn in Abgrenzung von diesem Barbaren als dem radikal und qualitativ Anderen begann Europa seine Identität als Hort und Reich der abendländischen Zivilisation zu bestimmen und – buchstäblich – zu verfechten. Bei den langen Kriege gegen die Türken ging der ursprünglich sehr ausgeprägte religiöse Charakter zurück, und der Aspekt der kulturell-zivilisatorischen Diskrepanz wurde stärker, ja sogar teilweise sakralisiert, geradezu eine Ersatzreligion der Aufklärung. In immer neuen Rückgriffen auf ältere Vorstellungen von Zivilisation wurden Informationen über den Orient, die in wachsendem Maße in den Westen gelangten und zum Teil recht präzise waren, auf das zivilisatorische Koordinatennetz bezogen, wie sich etwa bei Montesquieu sehr gut beobachten lässt. So wurde die Gegenposition des Anderen zu der Figur des orientalischen Despotismus ausgestaltet. Gerade vor diesem Hintergrund steht die oben erwähnte Deutung der Perserkriege, etwa bei Hegel. Diese ‚aufgeklärte' Variante des dichotomischen Diskurses hat sich auch innerhalb des im ersten Teil diskutierten, mit der Romantik entscheidend verstärkten national-völkischen Horizontes durchgehalten, ja sie hat dazu beigetragen, dessen Exklusivitätstendenzen und Exkludierungsanstrengungen die ideologische und pseudoreligiöse Weihe qualitativer, d. h. zivilisatorischer Überlegenheit zu geben, wie sich bezeichnenderweise im Umfeld des Ersten Weltkrieges (aber durchaus auch schon früher und später) zeigte. Da gab es ein West-Ost-Gefälle zur Barbarei hin: Für die Westmächte waren die Deutschen die Hunnen, für die Deutschen bildeten die Russen und die Völker des Russischen Reiches den Hort asiatischer Barbarei.

Edward Said hat dann, wenngleich stark zugespitzt, gezeigt, wie die alte Grundvorstellung von westlicher Zivilisation und orientalisch-barbarischer Wildheit als „Orientalismus" im Zeichen der europäischen Expansion im Nahen Orient und damit vor allem im Bereich des Osmanischen Reiches, also im 19. und 20. Jahrhundert, die Sicht auf das Fremde und dessen Deutungen beherrschte, so sehr, dass dem Anderen auch die Fremdsicht aufgezwungen wurde. Gerade diese Expansion jedoch, eine spezifische Variante des neuzeitlichen Kolonialismus, kam zugleich als Modernisierung daher und präfigurierte die aktuelle Globalisierung in mancher Hinsicht. Damit ist auch die alte und zwischenzeitlich religiös und pseudoreligiös aufgeladene Gegensatzfigur von Zivilisation und Barbarei, von West und Ost, Abendland und Orient, Europa und Asien nach wie vor virulent.

Samuel Huntington hat explizit daran erinnert, wenn er die Herausforderung des Westens durch den Islam mit dem Hinweis auf die zweimalige existentielle Bedrohung unterstreicht; das waren eben die arabische Expansion im 7. / 8. und die osmanisch-türkische im 15. / 16. Jahrhundert. Irgendwie scheinen die Türken immer noch vor Wien zu stehen. Wie sich das auf die Debatte über den Beitritt der Türkei in die Europäische Union, also eines der großen Themen unserer Zeit hier in Europa auswirkt, kann man nahezu täglich studieren. Gerade in diesem Rahmen wird deutlich, wie eine alte Figur der intentionalen Geschichte Europas und damit eine für dessen Identität relevante Geschichte mit der Halbwahrheit des Mythos in den Köpfen herrscht, auch in denen von Experten. Wie stark sie auch auf globaler Ebene, in ihrer amerikanischen Variante, wirksam ist, und nicht nur in den Köpfen, kann man jederzeit in den Nachrichten verfolgen, jedenfalls wenn man das Glück hat, von den Vorgängen nicht unmittelbar betroffen zu sein: Andere stehen mit ihrem Leben dafür – und dagegen (wo es übrigens, also auf der ‚Gegenseite', mit den dichotomischen Weltbildern noch kruder aussieht, da diese in ihrer ganzen archaischen Radikalität alte religiöse Kriegskonstellationen revitalisieren und damit das Humanitätspotential einer großen Religion dementieren).

Der Sachverhalt scheint eindeutig zu sein: Auch in Prozessen von Modernisierung und Erneuerung – ja vielleicht gerade in ihnen, die doch so viel Verunsicherung bedeuten – macht sich die Geschichte, auch in Zeiten wissenschaftlicher Forschung, in ihrer traditionellen, intentional-mythischen Gestalt, als kollektive Erinnerung deutlich spürbar, nicht nur bei den Gegnern dieser Prozesse, sondern auch bei ihren Initiatoren und Förderern. Es ist, als wollte man sich hier besonders seiner Wurzeln versichern. Man greift dabei vor allem auf die großen Bilder und Erzählungen zurück, die in den fundierenden Mythen stecken. An deren Ausmalung hat sich auch die moderne Geschichtswissenschaft nach Kräften beteiligt, die doch im Zeichen von Kritik und Objektivität und Wissenschaftlichkeit angetreten war, die Vergangenheit ganz anders zu erfassen und zu präsentieren. Mindestens ließ sie sich in diesem Sinne auch massiv instrumentalisieren. Es waren ja häufig gerade die durch die Vermittlung von Geschichte erworbenen Kenntnisse und Vorstellungen, die hier ins Spiel kamen und die in einer Welt, welche der Wissenschaft höchste Autorität zuspricht, Geltung beanspruchen. Dabei sind sie oft nur wenig verdaut oder missverstanden, denen des Mythos ähnliche Halbwahrheiten, Residuen von historischen Kenntnissen, die schon im Stadium der Aneignung auf ein stark im Sinne des Intentionalen geformtes Weltbild mit einem entsprechend vereinfachten Koordinatennetz trafen und in dieses gleichsam eingehängt wurden. Gerade daher rührte ihre Überzeugungskraft – man fand und findet immer wieder bestätigt, was man ohnehin schon weiß. So bilden diese Vorstellungen gleichsam einen Subtext der innovativen Prozesse.

Es scheint eine anthropologische Grundkonstante zu sein, dass wir mit einem in dieser Art vorstrukturierten Vorstellungshorizont gerade auch dem Neuen gegenübertreten, nicht nur neuen Ereignissen und Prozessen, sondern auch fremden und anderen Menschen und Kulturen, denen wir neu begegnen. Schon die antike Ethnographie und noch viel mehr die Geschichte der europäischen Expansion zeigen diese Wahrnehmungs- und Deutungsmuster. Kurz gesagt, angesichts des Neuen und Unbekannten, mithin auch in der Erneuerung von Zivilisationen, blicken die beteiligten und betroffenen Menschen nicht nur nach vorn, sondern zunächst einmal ganz stark zurück. Gerade hier kommt ihre Geschichte ins Spiel, und das ist gerade die Variante der Geschichte, die für ihre Identität relevant ist, also ihr kulturelles Gedächtnis, ihre intentionale Geschichte, ihre zu Mythen und

Traditionen geronnenen Vergangenheitsvorstellungen. Diese aber führen dazu, dass gerade das Neue im Banne des Alten erfasst wird, dass die nötige Offenheit des Blickes fehlt, dass man im Extremfall alte Kämpfe neu ausficht. In der Konfrontation mit dem Neuen sind Zivilisationen also auf das Alte angewiesen. Dieses kann aber den angemessenen Umgang mit dem Neuen erschweren, ja verhindern.

Das ist ein echtes Dilemma. Aus ihm einen Ausweg zu finden ist angesichts der aktuellen Erneuerungsprozesse in Europa und in der Welt ein vordringliches Postulat. Aber wie soll das gehen? Zunächst kann es sich gewiss nicht darum handeln, dass wir uns freudig an unseren Traditionen berauschen, die anderen einem „Reich" oder einer „Achse" des Bösen zuweisen, gleichsam ins Mythische regredieren. Gerade angesichts der attraktiven Figur des Gegensatzes, zumal in deren geradezu manichäischer Schwarz-Weiß-Malerei, müssen wir vorsichtig sein. Aber ohne Geschichte scheint es doch nicht abzugehen, sosehr diese schon totgesagt wurde. Die Antwort könnte – wenigstens theoretisch – darin liegen, dass wir uns desjenigen Modus der Geschichte erinnern und vergewissern, den wir eingangs als den wissenschaftlichen charakterisiert haben. Denn um die wissenschaftliche Fundierung kommen wir im 21. Jahrhundert nicht herum, in den gesellschaftlich-politischen Prozessen nicht anders als in den technisch-szientifischen. Wir müssen dieses Wissenschaftliche aber ganz ernst nehmen, gerade angesichts von dessen Autorität und gerade angesichts von vielen Kurzschlüssen und Instrumentalisierungen, auch solchen, wie sie oben erwähnt wurden.

Was heißt dies im Blick auf die Geschichte bzw. die wissenschaftliche Art und Weise der Vergewisserung von Vergangenheit? Es ist hier nicht der Ort für geschichtstheoretische und methodologische Debatten. Hier seien nur die wesentlichen Punkte hervorgehoben. Die beginnen bereits damit, dass wir angesichts neuerer Debatten über die Nähe von Geschichtsschreibung und Fiktion nachdrücklich auf den wissenschaftlichen Charakter der Historie in dieser Gestalt verweisen. So subjektiv sie auch sein mag (was für andere Wissenschaften übrigens auch gilt), so verweist sie doch auf etwas, was außerhalb des individuellen Horizontes und außerhalb von dessen gedanklicher Verfügung liegt, eben auf die als Objekt, als Gegenstand aufgefassten und auch als solche erfassbaren Geschehnisse und Strukturen der Vergangenheit. Diese liegen im Fokus des Historikers.

Nun ist ein wesentliches Charakteristikum jeder echten Wissenschaft, dass sie über sich selbst reflektiert, dass sie über die Möglichkeiten und Grenzen ihrer Verfahren methodologisch nachdenkt bzw. sich ein solches Nachdenken von Seiten Dritter gefallen lässt. In dem hier angesprochenen Dilemma ist es nun gerade die Selbstreflexivität der Geschichtswissenschaft, die einen möglichen

Ausweg aufzeigen könnte, ja die ihn partiell schon darstellt. Vom Fokus des Historikers war schon die Rede, und damit sind die Perspektiven angesprochen, die Blickwinkel, unter denen auch Historiker die Geschichte sehen. Sie sind wesentlich für den *regard historique*, gehören aber zu den subjektiven Elementen des wissenschaftlichen Verfahrens und sind insofern auch sehr problematisch. Selbstreflexivität in der Geschichte besteht nicht zuletzt darin, dass man sich immer der Perspektiven vergewissert, der eigenen wie der anderen. In gewisser Weise besteht der Fortschritt in der Geschichtswissenschaft gerade darin, dass die Zahl der Blickwinkel wächst, auch über die Zeiten selbst hinweg.

In diesem Sinne nun lassen sich gerade die hier skizzierten intentionalen, zum Mythischen tendierenden Vergangenheitsvorstellungen thematisieren. Es ginge darum, die diversen historischen Positionen, also die jeweiligen Bilder vom Präteritum, zu studieren, so wie sie von den jeweiligen ‚Hütern' der Vergangenheit, von ihren verschiedenen Trägern, Spezialisten und Gruppen ermittelt und tradiert und so wie sie von den tragenden gesellschaftlich-politischen Kräften, Eliten, Akteuren rezipiert wurden. Dieses Rad muss man nicht neu erfinden. Die Geschichtswissenschaft stellt hierzu Konzepte und Methoden bereit, und es gibt bereits Untersuchungen zu dieser Thematik. Es handelt sich dabei im wesentlichen um die Geschichte von Vorstellungen und Diskursen, um etwas wie das, was Jan Assmann „Gedächtnisgeschichte" genannt hat. Aber das reicht noch nicht aus. Man hat auch auf die jeweiligen Kontexte zu sehen, auf die sozialen, politischen, auch ökonomischen Milieus, auf das gesamte Umfeld, in dem solche Diskurse und Traditionen ihren „Sitz im Leben" hatten. Hier lässt sich sichtbar machen, welche konkreten Wirkungen auf das soziale *imaginaire* ausgingen, wie dieses darauf reagierte, wie man es manipulierte und mit dem Blick auf konkrete Erfordernisse beeinflusste, auch mit dem Rückgriff auf fast vergessene Vorstellungen. Das erwähnte Beispiel des Enea Silvio Piccolomini und die Veränderung des europäischen Türkendiskurs sind ein besonders durchsichtiger Fall, weil hier die politische Stoßrichtung und die Veränderung des Diskurses *in statu nascendi* studiert werden können.

Entscheidend ist, dass man die Geschichte der Diskurse und die ihrer jeweiligen Milieus im Zusammenhang sieht, als eine Kette, in der sich die Felder immer wieder neu miteinander verbinden, aufeinander reagieren, miteinander interagieren, also als ein Phänomen der Rückkoppelung. Auf diese Weise lassen sich, auch im Detail und vor allem in ihrer Verschränkung, die langen und zugleich verschlungenen Wege der Traditionen nachvollziehen, die stetigen Wechselwirkungen von Ideen und Interessen, von Vorstellungen und Handlungen, von gedanklichen Konstruktionen und realen Orientierungen, also die Faktoren, welche die Vorstellungshorizonte und damit die Identität anderer Gruppen, Gesellschaften und Kulturen, aber auch unsere eigenen prägen und prägen.

Derartige Analysen zeigen vor allem zweierlei: Zum einen ist die Entwicklung der Ideen keine schlichte Funktion der Interessen, wie der klassische Marxismus annahm. Ideen und Vorstellungen können sich auch unabhängig von gegebenen Zwängen und Interessenlagen, gleichsam im stillen Kämmerlein des Gelehrten oder im intellektuellen Elfenbeinturm entwickeln. Wenn sie jedoch das *imaginaire* in einem Maße prägen, wie das hier für antithetische Grundfiguren gezeigt wurde, dann sind sie doch von bestimmten Konstellationen abhängig und durch bestimmte Kontexte bedingt. Sie sind aber eben nicht schicksalhafte Gegebenheiten, sondern Ergebnisse menschlichen Denkens und Handelns, das nicht zwangsmäßig so aussehen muss oder musste, wie es sich tatsächlich entwickelt hat. Die Wucht der Bilder liegt freilich gerade darin, dass sie diesen Eindruck erwecken. Der Blick des Historikers zeigt sie jedoch in ihrer Bedingtheit, er relativiert, was gerne absolut gesetzt wird oder – nach Peter L. Berger und Thomas Luckmann – „verdinglicht" ist, als Teil des „Rezeptwissens" einer Gesellschaft.

Zum anderen äußert sich gerade diese Relativierung gerade in der Einsicht darin, dass die polaren Zuspitzungen, die die Welt der Traditionen oft prägen, zum Teil große schematische Simplifizierungen darstellen, gedankliche Vereinfachungen, die den Menschen in ihrem jeweiligen Ambiente eine Orientierung geben – im ganz ursprünglichen Sinne des Wortes. Sie bilden also einen Kompass, der die Bewegung in einer komplizierten Welt erlaubt. Und so mag die Struktur dieser Orientierung desto schlichter sein, je komplexer das Milieu ist, in dem sich die Menschen zu bewegen haben. Sieht man aber genauer hin, mit dem historischen Blick, dann stellt man eben dies fest, dass und wie die binären Codes und Gegensatzfiguren ‚vereinseitigen', Komplexität reduzieren. Dies geschieht schon in der geistigen Bewältigung der Gegenstände, die ein Intellektueller, übrigens auch ein Wissenschaftler, behandelt. Erst recht wird das verstärkt in Kontexten, die von Konflikt und Auseinandersetzung geprägt sind. Das Urmodell der Antithese, die Zuspitzung der griechischen Barbarenfigur, gehört eben in die Deutung und damit in den Kontext der Perserkriege. Und es wurde von Herodot genutzt, um sein Geschichtswerk gedanklich zu strukturieren. Aber genaues Hinsehen zeigt, dass die Polarität hinfort keineswegs die einzige oder auch nur entscheidende Option blieb, nicht einmal intellektuell, und schon gar nicht in der Welt des realen Handelns, in Politik und Wirtschaft. Aber auch sonst zeigt sich im Nachvollzug der hier skizzierten Traditionslinien allenthalben, dass Schwarz-Weiß-Malerei nicht das Genre der Historie ist. Die Geschichte kennt eben nur Grautöne, wie einer der Großen des Faches, Thomas Nipperdey, betont hat.

In diesem Sinne könnte der Bezug auf Geschichte nicht der Bestätigung und Verstärkung von Vorurteilen und fest zementierten Weltbildern dienen, sondern deren Kritik. Auf solche Weise könnte Geschichte, auch kritisch sich selbst und ihrer oben hervorgehobenen Auswüchsen gegenüber, ihr aufklärerisches Potential entfalten. Sie würde nicht bekräftigen und beglaubigen, sondern relativieren und öffnen. Denn nicht zuletzt dies ist ja das Signum des Wissenschaftlichen: Fragen zu stellen und sich mit keiner Lösung ohne weiteres zufrieden zu geben, in Kritik und Selbstkritik voranzuschreiten. Die modernen Gesellschaften haben sich mit der modernen Geschichtswissenschaft auf einen Modus historischer Vergegenwärtigung eingelassen, den sie nicht mehr unmittelbar steuern. Gewiss ist Geschichte in diesem Sinne kein Allheilmittel. Noch weniger ist sie unfehlbar – wie übrigens keine Wissenschaft, zu deren Gestus ja auch gehört oder gehören sollte, dass sie darum, also um ihre Fehlbarkeit, weiß. Sie liefert auch keine Patentrezepte, das gerade nicht. Aber wenn man Geschichte immer wieder zunächst als offenen Prozess versteht und den wissenschaftlichen Zugang zu ihr von dieser Einsicht ausgehen lässt, dann bietet das eben kein schlichtes Propaganda- und Legitimierungspotential. Aber es eröffnet die Chance, wirklich und richtig aus der Geschichte zu lernen – auch aus der der Griechen und Römer – und sich damit in Zeiten großer Innovationen, in einem globalen Milieu unterschiedlicher Zivilisationen von je eigener Statur und eigenem Recht angemessen zu bewegen.

II. Unternehmen und Innovationen

Vom Formalismus zum offenen System
Über den Wandel von Managementkonzepten

Holger Rust

Einleitung

Die Ausgangsfrage des Symposiums der Universität Freiburg, der IG BCE und der BASF im März 2003 in Bad Münder, die nun auch das Titelmotiv dieses Buches darstellt, lautete: Wer bestimmt die Zukunft? Es wird jedem Leser, jeder Leserin klar sein, dass eine solche Frage aus gutem Grund nur annäherungsweise beantwortet werden kann, und dieser Grund liegt in der Natur der Zukunft: Sie ist das Resultat emergenter Prozesse. Zukunft entwickelt sich aus planvollen Gestaltungsoptionen vieler einflussreicher Gruppen, Systeme, Zirkel, Verbände, Vereinigungen, folgt technologischen, kulturellen, wirtschaftlichen, politischen regionalen und globalen Weichenstellungen. Zukunft ist aber gleichzeitig auch das Resultat unbeabsichtigter Reaktionen all dieser planvollen Zielsetzungen untereinander. Sie ist also letztlich nicht bestimmbar. So muss die Frage, wer denn nun die Zukunft bestimmt, dahingehend differenziert werden, wer letztlich die Kompetenzen besitzt, ein möglichst offenes System von Reaktionspotenzialen zu entwerfen und in Handlungsmaximen umzusetzen, die in der Lage sind, mit der grundsätzlichen Offenheit, mit dem Unerwarteten, dem nicht geplanten Wandel und den Überraschungen, den Brüchen und Diskontinuitäten für Gesellschaft, Politik, Kultur und Wirtschaft umzugehen, um auf diese Weise eine halbwegs gesicherte Entwicklung in wirtschaftlichen, politischen, gesellschaftlichen und kulturellen Feldern zu garantieren.

Ein zweiter wichtiger Aspekt der Ausgangsfrage erwächst aus der nur angedeuteten soziologischen Differenzierung: Offensichtlich weist die Fragestellung auf eine irgendwie geartete Exekutive hin, die (wie Ralf Dahrendorf es in seinem Buch „Lebenschancen" bezeichnete[1]) „repräsentativ" für die Gesellschaft, die Politik, die Kultur und die Wirtschaft agiert. Damit erscheint die in der gegenwärtigen wirtschafts- und wissenschaftspolitischen Diskussion ebenso vehement wie inhaltsleer geführte Debatte um die künftige „Elite" auf der Tagesordnung.

Der Ansatz des nun folgenden Beitrags versucht diesen Aspekten Rechnung zu tragen. Deshalb gilt die Aufmerksamkeit zunächst einmal der Frage, welche Mentalität eigentlich vonnöten ist, die Reaktionspotenziale auf die unerwartete Komplexität der Zukunft planvoll bewältigen zu können, um dann einige soziologische Befunde zur zweiten Frage zu präsentieren, aus welchen intellektuellen Biotopen das dafür geeignete Personal erwächst. Eines ist sicher: Es werden diejenigen sein, die heute jung sind, die in der Ausbildung stehen und ihre beruflichen Karrieren vor sich haben. Ebenso sicher ist aber auch, dass sie die Konsequenzen der Handlungen derer zu tragen haben, die die heutige gesellschaftliche, kulturelle, politische und gesellschaftliche Exekutive stellen. Ihre Vermächtnisse sind es, die – im negativen wie im positiven Sinne – die Zukunft bestimmen, auf die Erstere reagieren müssen. Die Aufgabe der heutigen Exekutive besteht also darin, der morgigen alle Potenziale zu vermitteln, die eine offene Mentalität zur flexiblen Bewältigung ungeplanter Herausforderungen begründet. Insofern bestimmen auch die, die diese Zukunft nicht mehr erleben, durch ihre Handlungen und ihr Verhältnis zu den Nachfolgern, über die Zukunft mit.

Über eine prinzipielle Aufgabe sind sich alle Mitglieder der heutigen und der künftigen Exekutive einig, und auch die Bezeichnung dieser Aufgabe ist durchwegs akzeptiert: die „Reduktion der Komplexität", das heißt: Überschaubarkeit herzustellen, die großen Linien im vermeintlichen Chaos zu sehen, Kontinuität einer methodisch möglichst geringen Anzahl von Reaktionsmöglichkeiten zu entwerfen. Gehen wir davon aus, dass der verführerische Slogan aus der Systemtheorie des Soziologen Niklas Luhmann arbeitstechnisch brauchbar ist, bleibt doch ein handlungstechnisches Problem: Das Problem liegt in der Methode, diese Reduktion zu erreichen. Hier scheiden sich grundsätzlich zwei Mentalitäten. Die erste versucht, diese Reduktion bereits auf der Ebene der Organisationen zu erreichen und überträgt das Prinzip auf die innere Beschaffenheit der Systeme, das heißt auf Unternehmen, Verbände, Vereinigungen, Milieus, aber auch der Ausbildungsgänge an Universitäten und andere Bildungsmaßnahmen. Man versucht durch möglichst geringe Komplexität und Standardisierung die äußere Komplexität zu bewältigen. Diese Reaktionsweise hat etwas Magisches: Was man in der Außenwelt erreichen möchte, wird zunächst einmal in der Innenwelt, die auf diese Außenwelt reagieren muss, realisiert. Diese erste Position wird, wie der Beitrag skizziert auf verschiedene Weise realisiert, entweder formalistisch durch die Entwicklung von Managementkonzepten, begleitet durch eine Art intellektuelles Outsourcing, das die Frage nach der Beschaffenheit der Zukunft an externe Spezialisten delegiert. Andererseits durch krassen Individualismus, gepaart mit karrieristischer Egozentrik, die Zukunft nur im Hinblick auf die persönlichen Vorteile definiert.

Eine fundamental andere Position entwickelt sich dagegen aus der Absage an die Idee, mit systematischen Rezepturen einerseits oder individualistischem Opportunismus andererseits auf die unerwartete Komplexität zu reagieren. In dieser Position wird die Komplexität der Innenwelten gesteigert, um durch den Zusammenschluss vieler individueller Reaktionspotenziale, die sich gemeinsam in einem vertrauensvollen Kommunikationssystem verständigen, in schnell wechselnden Konstellationen unterschiedlicher Kompetenznetzwerke äußere Einflüsse zu verarbeiten.

Drei Mentalitätsmilieus

Das Thema eins männlicher (und mittlerweile vermutlich auch weiblicher Gespräche) ist nach vorwissenschaftlichen Beobachtungen nicht das jeweils andere Geschlecht, sondern der Beruf und seine Herausforderungen. Diese Gespräche, die sich meist um die Synchronisation der persönlichen Karriere und der Herausforderungen durch die Unternehmensumwelt befassen, kreisen um drei Kernfragen:

1. was heute im Management Mode ist;
2. welche individuellen Wege an die Spitze führen;
3. welche Formen der intellektuellen Bewältigung für die wachsende Komplexität der Unternehmensumwelt notwendig ist.

Diese drei Gesprächsthemen repräsentieren drei unterschiedliche „Mentalitätsmilieus", die auf die oben beschriebene Art und Weise versuchen, mit den Herausforderungen ihres Berufes umzugehen:

1. das formalistische Milieu, das stets nach Regelwerken und Rezepturen, nach Maßnahmenkatalogen und Managementmoden fahndet, um dauerhafte Sicherungssysteme zu entwickeln, die die individuelle Unsicherheit der Exekutive kompensiert und schnell in konzeptionelle Sackgassen gerät;
2. das egozentrische Milieu, das den geradlinigen Aufstieg sucht und eine eher opportunistische Haltung zu den Unternehmensproblemen an den Tag legt, sich illoyal gegenüber den konkreten Herausforderungen eines konkreten Unternehmens verhält und die Lösung im Jobhopping sucht und leicht in Verzweiflung gerät;
3. das essayistische Mentalitätsmilieu, das sich der Idee verschrieben hat, durch ein möglichst breite Ausbildung die individuellen Karrierevorstellungen mit einem Modell nachhaltiger Kommunikationskultur zu verbinden, in der flexibel auf Komplexitätsschübe reagiert werden kann, das allerdings ohne klare Führungskonzepte leicht in unverbindliche Offenheit gerät.

Die Illusionen des formalistischen Milieus

Die künftige Elite des formalistischen Mentalitätsmilieus läßt sich anschaulich auf Rekrutierungmessen beobachten, wo geradezu geklonte junge Männer und Frauen in grauem Businessoutfit mit straffem Karriereschritt mit genagelten Absätzen Autoritätsgeräusche erzeugen und einstudierte Antworten geben. Sie haben Schlüsselqualifikationen trainiert und in den Sprachschatz integriert, der ansonsten aus vorgefertigten Modulen der vielfältigen Managementmoden besteht. Sie sind die gehorsamen Schüler der Kaderuniversitäten mit dem hartem Drill des Praktizismus, von den Alumnizirkeln auf die Strategien eingeschworen, die es immer schon gab, setzten ihre Vokabeln anmutig ein, fast wie auf einer Bühne, fast so deklamatorisch, rezitativ, einstudiert, einem geheimen Drehbuch gehorchend: Management-buyout, Cash-flow, Anforderungsprofil. Down-side-risk, Up-side-potential. Zeithorizont. Teamplayer, Management by delegation, Organsiationsentwicklung, Corporate identity, Total Quality Management, Management by objectives, Business Process Reengineering und so fort. In der Tat reagierte das Theater. Zum Beispiel mit dem Welterfolg des Schweizer Romanciers und Dramatikers Urs Widmer: „Top Dogs"[2]. In einer Szene in diesem Stück, wälzen sich die Protagonisten verzweifelt auf dem Boden herum und schreien Worte, wie die, die oben zitiert wurden, heraus, 123 Vokabeln sind es, als moderne Ausdrucksaktivitäten einer nun bereits mehr als 50 Jahre alten Tradition, die Management in Konzepte zu fassen sucht. Doch keines währte lange, so besann man sich auf die Träger der Aktionen, das Personal. Das war um 1980, als erstmalig von Personalentwicklungsmodellen die Rede war, um in die starren Ansätze wenigsten eine Andeutung von Flexibilität einzuziehen. Doch die Personalentwicklung verlief meist als geradliniges Training, an dessen Ende mathematisch ausgetüftelte Score-Systeme und Navigatorenmodelle standen. Als das Personal dann entwickelt war, so etwa fünf Jahre später, kam das Lean Management. Da wurde es dann wieder abgewickelt. Wer noch übrigblieb, sah sich einer drastisch ausgeweiteten Tätigkeitspanne gegenüber: Multi Tasking genannt. Um diese vielfältigen Herausforderungen bewältigen zu können, erfand man das lebenslange Lernen und das lernende Unternehmen. Damit dieses Lernen aber nicht unkontrolliert verlief und die Führungskräfte schön die Übersicht behalten konnten, wurde die nächste Mode vorgeführt: Wissensmanagement, Knowledge Sharing, auf Rezept gewissermaßen. Dass man schließlich, als sich das Chaos nicht bewältigen ließ, bei der Konzeption des Chaos-Management landete, ist kaum verwunderlich, wenn man sich die Kette der Lösungen anschaut, die dem verwirrten „Organizational Man" bis dahin angeboten wurde. Da kamen dann als letztes Geschrei evolutionstheoretisch orientierte Konzepte des Komplexitätsmanagements in Mode.

Doch auch diese auf das individuelle Erfolgstraining ausgerichteten Moden und Methoden, Regeln und Rezepte, Tricks und Tipps funktionierten in der Praxis offensichtlich nicht oder nur selten. Wir wissen nun: Viele Fusionen zerplatzten wie missratenes Feuerwerk, Outsourcing brachte hier und da Erfolge, ruinierte bei anderen die Qualität. Engagements in der New Economy wurden entsetzt wieder aufgegeben. Siebzig Prozent (mindestens) aller Reengineering-Prozesse hinterließen motivationale Trümmerhaufen in der Personalarbeit. Persönlicher Erfolg blieb nach wie vor der Zufall, der eher mit der Individualität von Personen zu tun hatte als mit Strategien. Die ungeschriebenen Gesetze wirkten stets stärker als die geschriebenen Regeln des „War for Talent". Der führte zwar zur kurzfristigen Rekrutierung von hochklassig ausgebildeten Söldnern, deren Arroganz oft die gewachsene Kultur des Unternehmens störte. Gestandene Mitarbeiter, die schon lange und leise auf dem Weg nach oben waren, fühlten sich düpiert. Der War for Talent hatte gerade so lange gedauert, um bei jungen Leuten gewaltige Irritationen hervorzurufen: Entlassungen Ende der 80er, dann Buhlen um die Jugend, nun wieder Entlassungen? Akademische Komplexitätstheoretiker und Forscher wie Peter Kappelhoff, Soziologe in Bielefeld, schüttelten den Kopf ob dieser Illusionen[3]. Und Rolf Eschenbach, Wirtschaftsprofessor an der Wirtschafts-Uni in Wien, einer der Autoren, die sich sehr intensiv mit strategischen Konzepten beschäftigt haben, kritisiert denn auch die seltsame Idee, man könne derartige Modelle einfach in die Wirklichkeit übertragen, ohne die individuellen Belange jedes einzelnen Unternehmens zu berücksichtigen[4]. All diese Managementkonzepte erliegen der Illusion der Formalisierbarkeit durch den Versuch, der externen Komplexität einfache Reaktionsmodelle entgegenzustellen.

Die Mentalitätsfalle individualistischer Karriererezepte

Das zweite Milieu, das oben angedeutet wurde und vorwiegend aus egozentrischen Karrieristen besteht, entstand aus der Desillusionierung durch die Personalpolitik der Neunziger Jahre, in der Kriege um Talente und Entlassungswellen sich ablösten und den Eindruck erzeugten, Nachwuchs werde nur gebraucht, wenn es um wohlfeile Söldnertruppen gehe, die man nach Belieben hochjubeln und dann wieder fallenlassen könne. Die Reaktionen sind verständlich: Aufkündigung der Loyalität gegenüber den Aufgaben und den Unternehmen, in denen man zeitweilig tätig ist, bis sich eine bessere Position findet. Dieses Konzept höhlt allerdings die Fähigkeit aus, eine auf breiter Basis getragene Auseinandersetzung mit der Zukunft zu initiieren. Wie sich zeigen wird, führt es aber auch im individuellen Bereich in sehr enge Sackgassen, für Unternehmen, die sich dieser Söldner bedienen, für die Opportunisten dieses Milieus, die kein anderes Zukunftsziel als die persönliche Karriere definieren.

Ich AGs nannten sich diese Edelsöldner erstmalig um 1995 herum. Wo der Begriff genau herkommt, ist heut nicht mehr zu lokalisieren. Doch in dem Moment, in dem der Begriff auf dem semantische Markt war, setzte ein unglaublicher publizistischer Wirbel ein. Kein Guru formulierte noch irgendeinen Hinweis auf die Zukunft der Personalarbeit ohne Ich AG, die selbsternannten Trendforscher allen voran. Allerdings löste dieser publizistische Wirbel sehr bald tiefgreifende Zweifel aus. Denn personalpolitisch ist das Konzept der Ich AG höchst unsinnig und daher auch längst in massive Kritik geraten. Empirische Untersuchungen über die Integration der Ich AGs in die Unternehmen haben eines gezeigt: Die Typen sind (vor allem, wenn sie ein exotisches Erfahrungs-Portfolio aufzuweisen haben) kaum integrierbar, schwer erziehbar und stellen einen beträchtlichen Störfaktor im Unternehmensalltag dar. Eine Personalchefin berichtet, dass viele dieser jungen Leute an massiver Selbstüberschätzung leiden, sie forderten ständige Aufmerksamkeit und Beachtung ihrer Person und ihrer individuellen Arbeitsleistung. Sie stehen also den Ansprüchen einer integrativen Kultur skeptisch gegenüber. Sie sind Außenseiter, die gut für einen Markt des „Hire & Fire" geschaffen sind, sich darauf auch eingestellt haben. Aber, sagt Gunter Tichy, renommierter Volkswirt und Direktor der Österreichischen Akademie der Wissenschaften: „Hire and fire-Strategien wirken dem Erwerb firmenspezifischen Humankapitals entgegen. ... Bloß temporäre Verträge können besonders kontraproduktiv wirken, da die temporär Beschäftigten daran interessiert sein werden, gerade die strategischen Kompetenzen der Firma kennen zu lernen, deren Kenntnis ihre Beschäftigungschancen in Konkurrenzfirmen verbessert."[5] Die einzige Möglichkeit, diese Drainage des Wissens zu verhindern, ist die langfristige Beschäftigung loyaler Leute. Die zunehmende Kritik der fantasievollen Personalverantwortlichen am Konzept dieser Ichlinge versetzte dann auch in Resignation.

Vor allem als noble Edel-Ich AGs auf dem Rekrutierungsmarkt im Hartz-Papier (I) zu durchschnittlichen Arbeitslosen umbenannt wurden: Das schlug aufs Gemüt. Da dieses Mentalitätsmilieu substanzlos war und nur auf eine Option gesetzt hatte, dies aber ohne Alternative, verfiel ein großer Teil in genau die Jammerei, die man zuvor noch dem Mentalitätsmilieu der Formalisten vorgeworfen hatte: Desorientierung und Verweigerung, die sich allerdings lautstark als prägendes Element der Wirtschaftskultur ausruft und „Verzichtkultur" nennt oder die Angst pflegt, eine ausgesprochen goutierliche und eitle Angst, die sich zu einem Stilmittel der Selbstdarstellung erhebt und weltweit als „Quarterlife Crisis" kokettiert. In diesem Milieu junger Menschen (das sich zur Selbstbestätigung auf Internet-Seiten die unglaubliche Belastung durch die Herausforderungen des Alltags wechselseitig bescheinigt) grassieren Handlungsschwäche, Trotz, Schuldzuweisung. Die Zitierungen der bejammernswerten Stellungnahmen erübrigen sich deshalb, weil flugs die hiesige Befindlichkeit sich in einem eigenen Buch sortierte, in einer resignativen neuen Folge der „Generationen"-Serie, „Generation Golf II", erneut von Florian Illies verbreitet, dessen „Generation Golf" nur kurze Zeit zuvor breite Aufmerksamkeit und mächtigen Zugehörigkeitsstolz hervorrief. Diese Generation Golf, die vermeintlich vom Schicksal gehätschelt war und in ihrer nichts sagenden Jungbehäbigkeit die mentale Kraft eines Zimmerspringbrunnens besaß, sackt nun unter den Anforderungen der wirtschaftlichen Probleme seufzend in sich zusammen. Jedenfalls, wenn man Illies neuesten Ergüssen glaubt. Die Wahrheit ist: Die Ich-AG sieht sich betrogen, weil sie zuvor unmäßige Träume geträumt hat. So aber schreibt es der Illies Florian natürlich nicht. Er schreibt über die maßlose Enttäuschung eines doch so schön individualistisch geplanten Lebens, das allerdings nicht minder kleinbürgerlich ausgerichtet war als das der Eltern. Er leidet geschäftstüchtig mit, bietet die Flucht in die Betroffenheit einer Generation, der man raten möchte: Geht auf die Parkbänke und füttert Tauben. Vollkommen unvorbereitet, so Illies, wurden sie getroffen. Der 11. September, so müssen wir lesen, traf sie zutiefst. Ja, bitte, wen nicht? „Jetzt stehen wir", raunzt der Zeitgeistchronist in seinem (in einem ausgesprochen matten Stil dahingemurmelten Buch) „wieder ganz am Anfang". Da stehen viele, die niemand in einem Buch verewigt, normale Menschen, mittelständische Unternehmer, Arbeitslose, die Familien zu ernähren haben, Hochschulabsolventen, die sich auf einen Arbeitsmarkt einrichten müssen, der diesen Namen im Augenblick nicht so ganz verdient. Und die ehemaligen Nobel-Ich-AGs senken ihre ehedem so durchdringenden Stimmen und lesen über sich diese wunderbaren Ergüsse. Larmoyanz kennzeichnet diese Diagnose, so wie die der „Quarterlife-Krise" und die goutierlich an ihr Leidenden, die ein Zukunftskonzept zerstört sehen. Dabei war es nur eine Illusion. Sie bestand darin, dass man zwar Erfolg anstrebte, aber die Voraussetzungen für diesen Erfolg nicht mitgestalten wollte oder konnte. Auch diese Idee zur Reduktion der Komplexität führte in eine dunkle Sackgasse.

Die Alternative des essayistischen Mentalitätsmilieus

Das Gerenne hinter Managementmoden auf der einen Seite, ergänzt um ein aufgepfropftes „Studium generale" und „Schlüsselqualifikationen" auf der einen Seite, der egozentrische Karrierismus, der sich mitunter in einer trotzigen Verweigerung gefällt, auf der anderen Seite: Beide Mentalitätsmilieus werden der Komplexitätsherausforderung der globalen Wirtschaftszukunft nicht gerecht, es sei denn, sie integrieren die Impulse des dritten Mentalitätsmilieus, dessen Mitglieder sich gegen das Establishment auflehnen. Sie sind jung und nicht minder individualistisch, aber sie gehören nicht jenen selbstbezüglichen „Generationen" an, die mit dubiosen Konzepten von „Ich AGs" ihren Marktwert deklarieren. Es waren und sind junge Leute, die sich auch nicht mehr mit den formalen Modellen des wirtschaftswissenschaftlichen Grundstudiums abfinden wollen, sondern sehen, dass Wirtschaft ein kulturelles und historisches, soziologisches und politisches Phänomen ist.

Eine Bewegung, die im Juni 2000 von Studenten der Universität Paris ausging, die Pluralismus in der Ausbildung forderte, mehr Berücksichtigung der gesellschafts- und wirtschaftspolitischen Aspekte der Wirtschaft, weniger starre Modelle der Mathematik, Leben, Praxis, Realität, Empirie, Verantwortung. Diese Studenten verfassten eine Petition, als Manifest dieses dritten Mentalitätsmilieus, das die Stilistik des Management der Zukunft prägen könnte, das den anderen, den Formalisten wie den Spontis Anhaltspunkte für eine neue Kraft bieten könnte, sobald diese Leute aktiv in der Wirtschaft mitarbeiten werden. Sie erfanden gleichzeitig für sich selbst einen wunderbaren Begriff, der ihre Fähigkeit dokumentierte, auf dem semantischen Markt zu bestehen: Sie nannten sich die „postautistische Bewegung".

Fünfzig Studenten, die die Welt verändern wollen? Viele haben diese zweifelnde Frage gestellt, 2000 im Juni, doch blieb es ein Kopfschütteln am Rande. Man hat sich mit dem Impuls kaum beschäftigt. Und so ist diese Bewegung nicht einmal den Trendforschern aufgefallen, die ansonsten aus jeder Kleinigkeit eine epochale Weichenstellung ablesen. Und doch ist aus dieser Gedankenbewegung weniger Pariser Studierender sehr schnell eine weltweite Bewegung entstanden, die das Etikett des „Postautismus" nun bereits in 150 Ländern verankert und die Gedanken des Nachwuchses über die Gestaltung der Zukunft inspiriert.[6] Aus der Kritik am Mentalitätsmilieu des Formalismus einerseits und am blinden Karrierismus beziehungsweise seiner resignativen Umkehr andererseits entwickelte sich die Synthese: das dritte Mentalitätsmilieu oder - wenn man einen Terminus übernehmen will, den C. P. Snow 1959 für Naturwissenschaftler prägte, die sich der Allgemeinheit gegenüber verständlich ausdrücken konnte – eine dritte Kultur im Management.[7] Es sind genau die Leute, die Unternehmen brauchen würden, um eine offene Zukunft zu gestalten. Das Problem ist nur, dass sie selber den Preis, um den sie ihre Partizipation an der Zukunftsgestaltung verkaufen, bestimmen wollen, und dass ein großer Teil dieses Preises aus immateriellen Vergütungen besteht.

Empirische Evidenzen

Parallel zu einem PC-Strategiespiel CEO of the Future, das die Wirtschaftszeitschrift Manager Magazin zusammen mit McKinsey Deutschland erstmalig 2000 durchführte, hatte ich die Gelegenheit, in einer Begleitstudie die „Führungsqualitäten der Zukunft" aus der Sicht der ambitionierten Teilnehmerinnen und Teilnehmer dieses Planspiels zu sondieren. Im Mittelpunkt stand die Frage, welche Eigenschaften junge Leute, Studierende der Wirtschaftswissenschaften und Young Professionals, den heutigen Spitzenmanagern im Vergleich zum idealen CEO der Zukunft zuschreiben, wie sie sich selber sehen und wie sie ihre Altersgenossen einschätzen. Die Ergebnisse: Die Führungskraft von morgen ist vor allem kommunikativ, lernbereit, visionär. Sie ist so, wie junge Leute sich ihre Vorgesetzten wünschen. Wie aber sehen nun die ambitionierten Nachwuchskräfte diese Vorgesetzten, die amtierenden Manager von heute? Das herausstechende Merkmal heißt: Konservativ. Insgesamt sehr weit von Idealbild entfernt. Und damit auch von dem Bild, das die Befragten von sich selber zeichnen. Das Selbstporträt nämlich ähnelt dem der idealen Führungskraft von morgen auf wenige Zehntelprozentpunkte. Die Nachwuchskräfte sehen sich in starker Distanz zu den konservativen, nach klassischen Managementmethoden agierenden Führungskräften der heutigen Wirtschaft, und damit nah an den Idealen der Postautisten. Als Leitmotiv erscheint in allen Antworten, auch in weiteren, das kommunikative Verhältnis zu den Mitarbeitern: offen, fördernd, verantwortlich. Immer wieder taucht dieses Motiv auf: Mitarbeiter. Mitarbeiter fördern, sie an richtigen Stellen einsetzen, ihnen alle Möglichkeiten einer flexiblen Organisation bieten – so wird die eigene Vision von den Qualitäten einer Führungskraft zum Modell für die amtierenden Manager.

Zwei Jahre später gab es eine Nachfrage im Rahmen eines weiteren Karriereplanspiels von Manager Magazin und McKinsey Deutschland, in dem ich erneut die Gelegenheit hatte, die Mentalität des Nachwuchses zu testen. Wieder wurde die Gelegenheit benutzt, eine kleine Begleitstudie aufzulegen. Das Thema wurde unter dem Eindruck aktueller Vorkommnisse auf die Frage nach Ethik und Moral fokussiert. Wieder baten wir um ein Selbstporträt und um die Einschätzung der amtierenden Führungskräfte. Und wieder ergab sich eine drastische Kluft.

Das Ergebnis zeigt erneut eine signifikante Konfrontation der Werthaltungen von jungen Leuten und der vermuteten Handlungsleitlinien ihrer Chefs. Die Differenzen zwischen der Selbsteinschätzung der jungen Nachwuchskräfte und ihrer Einschätzung der amtierenden Manager ist da am höchsten, wo es um grundsätzliche Fragen des menschlichen Umgangs geht.

Doch die CEOs of the Future träumen nicht nur von einer besseren Welt, sondern auch von einem erfüllten persönlichen Leben. Zählt man alle Antworten auf die Frage nach den persönlichen Träumen für die nächsten Jahrzehnte zusammen (drei waren für jeden Befragten möglich), sagen fast zwei Drittel der Befragten spontan: Familie, Freunde und ein ausgewogenes Verhältnis von Beruf und Privatleben.

Diese Familienorientierung ist allerdings nicht als Rückzugsstrategie aus dem feindlichen und ach so unbefriedigenden Wirtschafts- und Karriereleben zu interpretieren. Sie ist eher Ausdrucksform eines neuen, wenngleich ausgesprochen realistischen Optimismus. Dieser Realismus prägt auch die Antworten auf die Frage nach den Traumberufen: Es sind nicht mehr so häufig wie in früheren Untersuchungen die himmelstürmenden Karrieren der globalen Wirtschaftsherrschaft, wo die Optionen „CEO" und „Spitzenmanager in Weltkonzernen" alltäglich war. Natürlich: Immer noch möchte einer hier und da „CEO eines Autokonzerns" werden. Doch in der Mehrzahl, in fast zwei Dritteln aller Antworten auf eine weitere Frage nach dem Traumberuf, finden wir recht verhaltene und realistische Ideen: „Fondsmanager", „Grundlagenforscher in Daten- und Steuerungstechnik", „Bereichsleiter in Großbank", „Manager im Bereich Investor Relations", „Finanzvorstand", „Sportvermarkter". In Zehn von Hundert Fällen schimmert bei der Frage nach den Visionen das Motiv der beruflichen Verantwortung durch: „Beruf der fördernd und fordernd ist", „Intellektuelle Fähigkeiten auf kreative Weise nutzen", verbunden mit der Lebensvision „Verantwortung für andere Menschen tragen".[8]

Konsequenzen für die Personalarbeit

Die innovativen Fantasien (die ja nicht die Fantasien systemkritischer Umstürzler sind, sondern den Wunsch nach Erfahrungen repräsentieren) stoßen oft auf die Irritation der jeweiligen Vorgesetzten. Die wollen (darin sind sich viele Personalberater einig) eine Kopie ihrer selbst – beziehungsweise: sie wollen eine Kopie des Bildes, das sie von sich selbst haben. Sie suchen die Befriedigung des eigenen Narzißmus in den Persönlichkeiten ihrer professionellen Entourage, wie es der klinische Psychologe Manfred Kets de Vries, Hochschullehrer am INSEAD in Fontainebleau, immer wieder eindringlich geschildert hat. In der artgerechten Auswahl geklonter Charakter erfüllt sich der Wunsch nach Fortschreibung des eigenen Ich. Die Aspiranten auf die Chefposten von morgen sehen das sehr deutlich. Sie schreiben den amtierenden Managern daher auch als herausstechende Eigenschaft das Attribut „konservativ" zu.[9]

Wenn es der Personalarbeit gelingt, in einer Art vorauseilender Persönlichkeitsanalyse das Potenzial junger und jung gebliebener Menschen identifizieren zu können, das Risiko einzugehen, sie als gleichberechtigte Partnerinnen und

Partner in der Zukunftsdiskussion zu akzeptieren, wird sich das Mentalitätsmilieu des Unternehmens sehr rasch ändern – qualitatives Reengineering, wenn man einen Begriff braucht. Unter einer Voraussetzung: dass diese Kommunikationskultur nicht das Ergebnis einer strategischen Klausur darstellt, die zwei Papiere hervorgebracht hat, das eine mit der Überschrift „Leitbild", das andere „die Spesenrechnung".

Wissensmanagement ist also schon die Aufgabe der Personalpolitik: Ein Mentalitätsmilieu zusammenzustellen, in dem das essayistische Milieu ausreichend repräsentiert ist. Ich möchte nur mit wenigen Sätzen skizzieren, was unter „Wissensindustrie" hier verstanden wird oder, wie es die Liebhaber modischer Anglizismen auch gern formulieren, „knowledge based industry", „idea-driven economy". Ich kann mich da etwas kürzer fassen weil vieles bereits – und logischerweise – in den Bemerkungen zur Dienstleistung angedeutet worden ist: Menschliches Wissen, zunächst unter betriebswirtschaftlichen Gesichtspunkten gesehen, ist der grundlegende Rohstoff für Entwicklung. Man nennt es, seit Gary Becker 1964 diesen Begriff formulierte: „Humankapital". Das formalistische Milieu tendiert dazu, den Wert dieses Humankapitals für das Vermögen des Unternehmens zu berechnen und obliegt erneut der mathematischen Illusion der Zukunftsgestaltung.

Die neuere Theorie der wirtschaftlichen Kreativität, wie sie vor allem vom Stanford-Professor Paul Romer formuliert wird, zeigt aber, daß in der Unberechenbarkeit der menschlichen Kreativität ein wichtiger Impuls für Kreativität verborgen liegt.[10] Mit anderen Worten: Das Humankapital trägt – tatsächlich in Analogie zu anderen Anlageformen – dann die größte Rendite, wenn es möglichst riskant eingesetzt wird. Das wiederum bedeutet, die Kreativität der Mitarbeiter zu honorieren, indem man sie ernst nimmt und ihnen die Möglichkeiten gibt, sich auszuleben. Wissen wird zum „Finanzderivat". Und Wissen entsteht nicht in den Köpfen einzelner Menschen.

Nicht Moden und Methoden, Regeln und Rezepte bestimmen der Erfolg, sondern Individuen, die bereit sind sich zu engagieren. Diese Bereitschaft ist um so größer, je klarer die Möglichkeit dazu eingeräumt wird.

Die Formalisten fragen sich: Welches Vokabular müssen wir beherrschen? Welche Konzepte?

Die Egozentriker fragen sich: Welche Chancen bieten die mir, und was kann ich mitnehmen?

Die Essayistien fragen sich: Was sind das für Leute, mit denen ich zusammen arbeite, was für Chefs, sorgen die für mich. Welche Aufgaben haben sie für mich?

Die Rolle der gegenwärtigen Führung

Noch einmal empirisch validiert: Sie betonen in allen Studien den Aspekt der Kommunikation mit den Vorgesetzten und den Kollegen. Und sie würden, und werden, wenn sie selbst Vorgesetzte sind, diesen Aspekt der Arbeit in den Vordergrund stellen. Die beste Strategie im War for Talents ist die Entwicklung der Persönlichkeit – der Vorgesetzten und Führungspersönlichkeiten. Auch für diese Behauptung lassen sich vielfältige empirische Belege finden.

Eine der größten amerikanischen Studien zu den Kriterien des Erfolgs wurde 1999 durchgeführt. Die Initiatoren und geistigen Urheber waren die Personalberatungs-Multis von Spencer Stuart, namentlich der Vorstand Thomas Neff und der Kommunikationschef James Citrin.[11] Der Impuls, berichtet Thomas J. Neff, war ein Anruf im April 1997: Das Board eines Großunternehmens suchte einen Nachfolger für den scheidenden CEO. Routine eigentlich. Doch statt den gängigen Wunschzettel mit den üblichen übermenschlichen Qualitäten für die Kandidatensuche vorzulegen, setzte der Anrufer ein ganz anderes Problem auf die Tagesordnung. Er überantwortete den Kopfjägern von Spencer Stuart keine Liste mit wünschenswerten Eigenschaften und einer unendlichen Liste von Schlüsselqualifikationen. Er reduzierte das Problem auf eine klare Fragestellung, die den Job der Personalberater ernst nahm und sie nicht als bloße Makler verschwendete, sondern als Theoretiker ihres Gewerbes: „Es wäre gut zu wissen, welche Art von CEO wir engagieren sollten. Was für eine Person empfehlen Sie uns? Worauf sollen wir achten, um langfristig Erfolg zu garantieren?"

Erfolg definierte sich unter anderem sowohl aus der Sicherung kontinuierlicher Unternehmensgewinne, aus der Kraft zur Innovation, als auch aus sozialer Verantwortung.

Wer waren die, die das alles konnten, hatten, garantierten? Was zeichnete sie aus? Das Ergebnis war überraschend: Es gab weder gleichartige Biografien, noch gleichartige Karrierewege. Es waren die unterschiedlichsten Charaktere, ja es gab nicht einmal eine Häufung von Sternzeichen. Und doch gab es Gemeinsamkeiten: Das Persönlichkeitsprofil derer, die am Ende auf den 50 Top-Positionen der Liste standen, zeichnete sich durch zehn Kriterien aus.

1. Persönliche Vorbildfunktion durch Alltagshandeln und den unverwechselbaren Charakter, Belastbarkeit, Flexibilität und Lernbereitschaft auch von Mitarbeitern, die hierarchisch niedriger stehen.
2. Symbolisch-kulturelle Führung, Zieldefinition, Vision – ideologische Dachmarke, unter der sich die Mitglieder eines Unternehmens engagiert zusammen finden.

3. Soziologische Sensibilität für die Mischung von unterschiedlichen Menschen mit unterschiedlichen Kompetenzen. Stichwort Diversity. Viele Menschen unterschiedlicher Herkunft, Religion und Hautfarbe arbeiten über virtuelle Netze und mitunter auch in Projekten face to face zusammen. Beziehungsmanagement ist daher eine wesentliche Kompetenz, um Reibungsverluste zu minimieren. Nicht nur zwischen Stuttgart und Detroit.
4. Handlungsstärke: Die Fähigkeit, aus Bruchstücken von Informationen relativ schnell zielsichere Lösungen zu entwickeln. Wie entscheidend dieses Problem ist, zeigt die erwähnte Tatsache, dass mehrere Wirtschaftsnobelpreise an Wissenschaftler gingen, die sich mit Informationsproblemen beschäftigten.
5. Problemempfindlichkeit: Die Fähigkeit, Marktentwicklungen von morgen vorherzusehen, die Entwicklungslinien in der Mentalität von Kundenmilieus absehen zu können. Soziologische Kompetenz. Bereitschaft zum problemorientierten Lernen.
6. Erfolgsorientierung: Nachweis langfristiger Erfolge in unterschiedlichen Bereichen. Führungskompetenz kann in erster Linie durch hohe Mobilität und die Bewältigung von Aufgaben in sehr unterschiedlichen Unternehmen/Ländern/Branchen erworben werden.
7. Vertrauensbereitschaft: Die Fähigkeit, Mitarbeiter zu rekrutieren, die nur einer Erfolgs- und nicht einer Prozesskontrolle unterworfen werden.
8. Kommunikative Kompetenz: Die Fähigkeit, intern und extern Ziele zu vermitteln, Begeisterung zu wecken.
9. Der Mut zu individuellen Entscheidungen jenseits aller tradierten Rezepte.
10. Sie waren im landläufigen Sinne intelligent.

Sie waren, mit kurzen Worten nachskizziert, diejenigen, die sich postautistisch gesinnte hochqualifizierte Nachwuchskräfte als verantwortliche Führungskräfte wünschen, um in den Streifräumen zwischen Unternehmen und Unternehmensumwelt ihre Sensibilität für Veränderungen zu schulen. Gemeinsam.
Kreativität ist nicht das Genie des einzelnen.
Kreativität ist das Produkt einer Umgebung, die Kreativität fördert. Wissen ist das Resultat vertrauensvoller Kommunikation und loyaler Kooperation. In diesem Sinne ist das Managementkonzept, das am ehesten die Bewältigung der wachsenden Komplexität garantiert, ein offenes intellektuelles System aus betriebswirtschaftlicher Kompetenz, soziologischer Sensibilität und kommunikativer Loyalität.

Anmerkungen

1. Ralf Dahrendorf: Lebenschancen. Anläufe zur sozialen und politischen Theorie. Frankfurt/Main: Suhrkamp 1979
2. Urs Widmer: Top Dogs. Frankfurt/Main: Verlag der Autoren 1997
3. Peter Kappelhoff: Komplexitätstheorie: Neues Paradigma für die Managementforschung. In: Managementforschung 12, S. 49 – 101
4. Rolf Eschenbach & Hermann Kunesch: Strategische Konzepte. Managementansätze von Ansoff bis Ulrich. Einleitung. Stuttgart: Schäffer-Poeschel Verlag 1999
5. Gunther Tichy: Erfordert die Informationsgesellschaft flexiblere Arbeitsmärkte? In: Perspektiven der Wirtschaftspolitik 2003, S. 29-41
6. Zur Geschichte und Entwicklung der postautistischen Bewegung in der Wirtschaftswissenschaft siehe: www. peacon.net
7. Holger Rust: Die sanften Managementrebellen. Wie der Nachwuchs die Chefetagen aufmischen will. Wiesbaden: Gabler Verlag 2003
8. Die empirischen Daten finden sich im einzelnen in Rust, a.a.O., Kapitel 4: Empirische Evidenzen – das Porträt der sanften Managementrebellen
9. Manfred Kets de Vries: Führer, Narren, Hochstapler. Essays über die Psychologie der Führung. Stuttgart: Klett Cotta 1998
10. Paul Romer: Economic Growth. In: David R. Henderson (ed.): The Fortune Encyclopedia of Economics, Warner Books. Über Paul Romer siehe: Stefan Heuer: Akne oder Tumor? band 1. Wirtschaftsmagazin, 2/2004
11. Thomas J. Neff & James M. Citrin: Lessons from the Top. The Search for America's Best Business Leaders. New York: Random House 1999

Hinweis: Für die Inhalte der erwähnten und weiterführender Internetlinks übernimmt der Autor keine Verantwortung.

Befähigung zur Kooperation
Organisationen als differente Lernarenen

Birger P. Priddat

Unternehmensorganisationen agieren auf Märkten, sind aber selber nicht wie Märkte organisiert, sondern Hierarchien. Die Mitarbeiter können nicht wie Marktakteure nach den besten Opportunitäten agieren, sondern sind an Planungszusammenhänge und Ausführungsregeln gebunden. Unternehmensorganisationen verbieten, als Hierarchien, intern den Markt, für den sie extern arbeiten. Als Hierarchien sind sie regelorientiert und erlauben den Mitarbeitern nicht, immer wieder neue Verträge einzugehen, wie im Marktgeschäft.

Doch ändert sich das: Unternehmensorganisation holen den Markt in die Unternehmensorganisation hinein. Das geschieht in vorsichtiger Weise, wenn z.B. die Unternehmensorganisation in diverse ‚profit-centers' aufgeteilt wird, die sich zum Markt wie untereinander als Wettbewerber verhalten. In zweiter Konsequenz müssen die ‚profit-centers' – nehmen wir an, sie gehören zu einem Konzern – aussuchen dürfen, mit welchen internen Abteilungen oder anderen ‚profit-centers' sie zusammenarbeiten und mit welchen nicht. Wenn die Konzernbuchhaltung zu langsam arbeitet und zu teuer ist, muß das ‚profit-center' sich gegebenenfalls eine externe Buchhaltung leasen können etc. Indem so das Wettbewerbsprinzip intern zugelassen wird, gelten die üblichen Selektionsmechanismen für alle Abteilungen. Der Konzern zieht sich funktional auf eine Holding zurück, d.h. auf eine Finanzzentrale oder eine Art Bank, mit der die einzelnen Abteilungen als ‚profit-centers' für Investitionen verhandeln können und an die ausgehandelte Profits gehen.

Nennen wir diesen Prozeß einen Zerfällungs- oder Dissipationsprozeß, der noch komplexer wird durch die möglichen Käufe und Verkäufe (mergers & acquistions), die die Holding tätigen kann. Die dissipierten kleineren Leistungseinheiten stellen nicht nur Produkte her, sondern sind selber Produkte auf einem Unternehmensmarkt. Wenn der eine Markt nicht läuft, läuft der andere Markt; Unternehmen haben eine Option mehr, indem sie nicht nur ihre Produkte oder Leistungen verkaufen können, sondern auch sich selbst. Durch diese Dissipation 2. Ordnung nimmt die Menge der Handlungsmöglichkeiten für die Holding zu (Aufbau heterogener und/oder optimaler Produktketten), insbesondere die Wettbewerbsstruktur kann sich schnell ändern

Das Unternehmen hat den Markt in sein Unternehmen hereingelassen, was funktional-organisatorisch bedeutet, daß die ehemalige Arbeitsteilung zwischen den Bereichen zurückgenommen wird auf die selbständigen ‚profit-centers', die nun die ganze Leistungspalette von kleinen Unternehmen bieten müssen: d.h. Produktion, Entwicklung, Vertrieb, Marketing, etc. Ökonomisch sinnvoll ist die Dissipation 1. Ordnung nur dann, wenn die Produktivität im Holding-Bereich steigt. Das geschieht, wenn die dissipierten Leistungsbereiche mit ihren Produkten und Leistungen Spezifität mitproduzieren, d.h. wenn sie sehr viel genauer als zuvor Kundenwünsche bedienen können. Die Produktpalette wird ‚getuned' oder ‚taylor-made'.

Die Logik der Dissipation 1. Ordnung (Unternehmensplitting) beruht auf einer schnellen und intensiveren Marktdifferenzierung; die Logik der Dissipation 2. Ordnung (mergers & acquisitions) beruht auf einer schnellen Änderung der Wettbewerbsstruktur, die gewisse Konzentrationen und Dekonzentrationen erreichen will, um den Fokussierungsprozeß, der mit der Dissipation 1. Ordnung läuft, zu unterstützen. Anstatt neue Unternehmen zu gründen, neue Märkte zu erobern, werden Leistungseinheiten gekauft, die für das kaufende Unternehmen ‚Innovationen' einspielen (‚relative Innovation', d.h. relativ für das kaufende Unternehmen).

Dissipationen 1. und 2. Ordnung verlangen unterschiedliche organisatorische Anpassungen. ‚Mergers' und ‚acquisitions' fordern eine ‚post-merger-integration', die zum einen in die ‚merger-costs' einzurechnen oft vergessen wird, zum anderen einen Aufwand an unternehmenskulturellen Integrationsmanagement, auf den die Vorstandsequipe selten eingestellt und dafür trainiert ist.

Die Verträge der Fusionen und Firmenkäufe bleiben unvollständig, ihre Transaktionskosten un- oder nur teilkalkuliert. Es reicht nicht, die Transaktionen zu tätigen, sondern sie müssen a posteriori gemanaged werden. Die ‚mergers' und ‚acquistions' sind Transaktionen, deren Vertrag nur den Anfang eines Prozesses darstellt, der nicht mehr nur als Integration einer Organisation in die andere aufgefaßt werden kann, sondern auch als Reorganisation beider Komponenten, die untereinander eine Subsequenz informeller und neuer formeller Verträge aushandeln müssen, aus denen neue Regeln und Hierarchien entstehen können (nicht nur bei ‚mergers of equity').

Da die Reorganisationen (Dissipation 1. Ordnung) und ‚mergers' und ‚acquistions' (Dissipation 2. Ordnung) aber weitergehen in dynamischen Marktumgebungen, verflüssigt sich die Organisationsstruktur und ‚Organisation' wird zum ständigen, fluiden Organisationsprozeß, der zwischen internem wie externem ‚bargaining' und Regelhierarchien oszilliert. In dem beschleunigten Wettbewerbsfeld, das wir global ‚globalization' und lokal ‚Internationalisierung' nennen, wird Organisation zu einem Prozeß ständiger Vertragsanpassungen und ‚recontractings'.

Die Verträge, insbesondere die informellen, die man im Organisationskontext eingeht, müssen offene Verträge sein, da die Erstellungs-, Folge- und Realisierungskosten unsicher bleiben. Die Organisationsverträge sind transaktionskostenunbestimmt, und das neue Management erfordert Einschätzungen, die die Transaktionskosten zu minimieren in der Lage sind. Wenn die Organisationen in der Dissipationsökonomie stärker auf – temporäre – Formen der Kooperationen umstellen, werden die Transaktionskosten der zunehmenden ‚contractings' und ‚recontractings' hochbedeutsame Kostenpositionen, auf die sich das Management einstellen muß, um am ‚post-merger' und an den Organisationskonstellationen nicht zu scheitern. Management wird, stärker als bisher, Transaktionskostenmanangement.

In den ‚virtuellen Organisationen' wird wegen der Spezifität der geforderten Produkte und Leistungen der Konzern nach Kernkompetenzen der neuen, kleineren Leistungseinheiten dissipiert. Die Unternehmung wird auf einen Kern (Kernkompetenz) reduziert. Die Verkleinerung ist ein Prozeß der Fokussierung auf Spezifität, d.h. von Markt- und Produktdifferenzierung. Der Rest der Leistungen wird durch externe Auftragnehmer erledigt, die als Satellitenwolke ein Netzwerk von potentiellen Ko-Operateuren um die Kernkompetenz legen. Die früher klare Grenze von innen/außen der Unternehmensorganisationen wird geöffnet.

Je weiter die Leistung der neuen Einheiten von der Kernkompetenz entfernt ist, desto eher wird sie anderen Unternehmen übertragen. Man will keine Vermittelständigung der Konzerne erreichen, sondern ihre Entbeamtung: Der Kern der Mitarbeiterschaft bleibt in den Leistungszentren, der Rest der Arbeit wird, ‚part-time', hinzugekauft. Das wird z.T. als ‚outsourcing' bezeichnet. Wir sprechen dann von ‚virtual organizations'.

Die Unternehmen werden nicht nur als neue Leistungseinheiten kleiner, sondern die Leistungseinheiten verkleinern sich selber auf ihren Kompetenzkern, um den Rest ihrer Arbeit an den Markt abzugeben. Mit dieser Bewegung erzeugen die Unternehmen (die sich nicht auf Konzerne begrenzen) zum einen, qua ‚outsourcing', weniger Beschäftigte. Zum anderen aber benötigen sie mehr Anbieter, die ihnen ihre Nicht-Kernkompetenzen erledigen. Dafür entlassen die verkleinerten Unternehmen teilweise Mitarbeiter, die nicht in ihren Kompetenzkern passen. Zudem bilden sich, z.T. aus diesen Mitarbeitern, neue kleine Anbieter, die für die herausgelagertern Arbeiten bereitstehen (‚outsourcing').

Die hier sich vollziehende Verschiebung von abhängiger Beschäftigung in freie Arbeit ist Lösung und Problem zugleich. Wenn die Zukunft der Arbeit, wie bisher, als ‚recontracting' betrachtet wird, d.h. als Wiedergewinnung abhängiger Arbeitskontrakte, formulieren wir sie als Problem. Diese Zukunft hat bereichsweise aufgehört und wechselt in eine Zukunft der freien Arbeit, die wir unter den Bezeichnungen ‚Gründungsinitiative', ‚neue Selbständigkeit', ‚new work' etc. noch vague beschreiben. Doch folgt diese Ausweitung der ‚freien Arbeit' keinen normativen Bestrebungen, sondern der Logik der Dissipation, die eine neue Entwicklung in den Arbeitsvertragsstrukturen in Gang setzt (die für die deutsche Arbeitsmentalität einigermaßen neu ist).

Das Spektrum der Organisationsformen: langsam lernende Organisationen versus virtuelle Schnellboote

Wir befinden uns an die Schwelle der endgültigen Aufgabe abendländischer Reste der Zunftmonente im Unternehmensorganisationskorpus. Zünfte waren die Kooperationsinstitutionen der Handwerke und Gewerbe über Jahrhunderte in Europa. Natürlich war die Erfindung der ‚fabrique' und der Manufaktur, der Geburtsstätte der modernen Industrieunternehmung, anti-zünftig eingestellt. Aber die Unternehmensorganisationen haben sich im Laufe des 19. Jahrhunderts darauf eingestellt, für die Arbeiter ähnliche Kooperationsmodi anzubieten, wie sie die Zünfte für ihre Meister und Gesellen boten. Das geschah immer dann, wenn eine gewisse Unternehmenskultur mit gewissen Gewährleistungen entstand, oft aus patriarchalischer Fürsorge, manchmal aus Bindungskalkül (um der ‚exit-option' von nachgefragten Facharbeitern entgegenzutreten). Das zünftige Modell wurde natürlich transformiert, aber in seiner Sicherungs- und Gewährleistungskomponente tendenziell beibehalten. Auf dieser Basis entwickelt sich die Anschauung, daß man ein Leben lang in einer Firma arbeiten könne. Die Firma sorge für einen, usw. Arbeit war in der Industrieepoche verknüpft mit einem Arbeitskontrakt, der längerfristig angelegt sein sollte, d.h. als eine Art von Gewährleistung gegen Arbeitslosigkeit (vornehmlich später durch gewerkschaftliche Tarifregime).

Folglich war Arbeitslosigkeit, d.h. ein Zustand der Kontraktlosigkeit mit Unternehmen, ein Zustand, der staatlich durch soziale Systeme kompensiert werden mußte. Das konnte durch einen Vertrag mit einem – in Deutschland halb- oder parastaatlichen – Versicherungsinstitut geschehen (Sozialversicherung), oder durch einen Vertrag mit dem Staat, der Sozialzahlungen generierte – genauer gesagt: Durch einen politischen Vertrag, den wir in Deutschland generell ‚Sozialpartnerschaft' nennen.

Die Sozialpartnerschaft zieht ihre Geltung und Legitimität aus der Fähigkeit, langfristige Bindungen zwischen kooperierenden Wirtschaftssubjekten aufzubauen, die wechselseitig Vorteile aus dieser Kooperation realisieren wollen. Gegenüber dieser „rheinischen Variante" der Marktwirtschaft steht das „neo-amerikanische" oder „neo-liberale" Modell, das seine Legitimation aus der möglichst ungehinderten Mobilität der Ressourcen zieht.

Im ‚neo-amerikanischen' Modell, das die Herkunft der ‚virtuellen Organisation' markiert, spielen langfristige Bindungen zwischen Vertragsparteien eine geringe Rolle. Spotmärkte und die Fähigkeit, sich schnell von unzuverlässigen Vertragspartnern zu trennen und neuen Vertragspartnern zuwenden zu können, haben hohe Bedeutung (‚exit-option', im Gegensatz zu der in starken Vertragsbindungen gewöhnlichen ‚voice-option', das Aushandeln und Druck-Machen).

Der Vorteil der neo-liberalen Version ist die hohe Flexibilität, Mobilität und Marktanpassung aller Akteure. Nachteile sind die daraus entspringenden ‚disincentives' für die Qualifizierung der Arbeitskräfte. Wegen der hohen Mobilität lohnten sich keine spezifischen Investititionen, weil die dafür notwendige Erwartung langfristiger Kooperation fehlt. Mit der leicht möglichen Abwanderung gehen auch betriebsspezifische Erfahrungen und Wissen verloren.

Der Vorteil des „rheinischen" Modells, das in Deutschland, unter dynamischen Wettbewerbsbedingungen, die Form der ‚learning organization' annimmt, besteht darin, daß alle Beteiligten aufgrund vergleichsweise hoher Abwanderungskosten eine längerfristige Zusammenarbeit erwarten (die Basis des Vertrauens, für die deutsche Wirtschaftskultur als typisch angesehen (wie auch für die japanische)). Das erhöht den Anreiz, in betriebsspezifische Qualifikationen zu investieren, Erfahrungen weiterzugeben, Verbesserungen auszuarbeiten etc., d.h. gemeinsam zu ‚lernen', den Leistungsprozeß voranzutreiben.

Der Vorteil der Stabilisierung einer längerfristigen vertrauensvollen Kooperation geht allerdings parallel mit dem Nachteil des Ausschlusses derjenigen, die schwer die Schwelle über diesen „closed shop" finden: Neuanfänger, Arbeitslose, aber auch Unqualifizierte.

Die Dissipation transformiert die deutsche Wirtschaft in Richtung des amerikanischen Modells bzw. in Richtung ‚virtual organization'. Das ist der signifikante Wandel: Die Dissipation produziert freie Arbeit, die nicht mehr automatisch in Arbeitslosigkeit münden muß, d.h. nicht in unternehmenskontraktlose Zustände, sondern wegen der Dissipationsevolution in den Netzwerkbereich der neuen Wirtschaftsstruktur eintreten kann. Das gelingt dann, wenn die ‚freie Arbeit' sich als freier Anbieter in der dissipativen Ökonomie definiert, d.h. vornehmlich in kurzfristigen Verträgen. Das kann über Teilzeitarbeitsverträge laufen oder über den Übergang in selbständige Tätigkeiten.

Doch haben wir es nicht nur mit neuen Kontraktstrukturen zu tun, sondern parallel mit einem neuen Basisprozeß: Die Wissensressource ändert sich. Der Vorteil kooperativer längerfristiger Bindungen von Mitarbeitern in Unternehmen bestand in einem Wissenskapital, das akkumulierte Erfahrungen besaß: für die internen wie für die externen Prozesse. In schnell sich ändernden Wissenslandschaften – in schnell sich ändernden Märkten, in schnell veraltenden Wissensbeständen der ‚informational technology' etc. – ändert sich die Strategie, in Mitarbeitern akkumuliertes Wissen bereitzuhalten, in die Strategie, jederzeit frischen Zugriff auf neues Wissen zu bekommen, mit der Konsequenz, die ‚knowlegde base' im Unternehmen kleiner zu halten als früher und sich das aktuell benötigte aktuelle Wissen partiell zuzukaufen. Dem folgt die Organisationsentwicklung in Richtung Dissipation, infrastrukturell unterstützt durch die ‚electronic media', die ein ‚world wide web' des Wissenszugriffes anbieten, und durch die neuen Netzwerkarbeitsanbieter.

Wenn die auf Kernkompetenzen reduzierten neuen Leistungseinheiten ihre aktuellen Wissensressourcen (neben anderen Leistungen natürlich) aus dem Markt beziehen, bedarf es eines neuen Schnittstellenmanagements, das die Innen-/Außen-Beziehungen hantiert. Das betrifft nicht nur die Manager, sondern die Mitarbeiter selbst, die nun gewärtig und kompetent sein müssen, auf allen Ebenen mit Externen zusammenzuarbeiten. Die interne Zusammenarbeit wird durch eine externe Zusammenarbeit parallelisiert. Das bedeutet eine höhere Entscheidungskompetenz und -autonomie für alle Mitarbeiter, die in diesen Schnittstellen agieren. Denn jeder Auftrag nach Außen ist eine Art von Investition, deren Erträge durch die Minimierung der dafür aufzuwendenden Kosten bemessen werden können. Die informellen Organisationanteile werden externalisiert. Zudem entstehen ständig, und variierend, virtuelle Teams; die Geschlossenheit und relative Abgeschirmtheit der Mitarbeiter, die klassische Unternehmen kennzeichnete, ihre Eingliederung in Standardlinien, ändert sich zugunsten einer Marktöffnung, die die Mitarbeiter stärker in unternehmerische Handlungsweisen einläßt.

Man beginnt, die Angestellten und Arbeiter als ‚kleine Unternehmer' zu betrachten, als ‚intrapreneurs'. Diese ‚Veruntemehmerung' der Mitarbeiter ist erst einmal mehr eine Vision als eine dominante Strategie, folgt aber der Logik der Dissipation, die ich als den Evolutionspfad der Organisationsänderung mit der größten Änderungsdimension hervorheben will. Mit der Veruntemehmerung der Mitarbeiter erreicht man eine Dimension, die wir noch viel zu wenig beachten und die die Zukunft der Arbeit stärker beeinflussen wird als die anderen Beobachtungen, wie die der Automatisierung und insbesondere die der Elektronisierung. Ich meine die Einführung des Risikos für die Mitarbeiter in Organisationen wie für die herausgenommenen (‚outsourced') Externen, die ‚networkers'.

Der Wechsel der Kontraktstrukturen, die Bevorzugung kurzfristiger Verträge, die die Kooperation von Kernunternehmen und ‚freier Arbeit' dominieren, indem externe Unternehmer im Netzwerkverbund der Kernkompetenzunternehmen (‚extrapreneurs') integriert werden, findet seinen Komplementärprozeß in der Entwicklung der Mitarbeiter der Kernkompetenzunternehmen zu ‚internen Unternehmern' (‚intrapreneurs'). Für die ‚intrapreneurs' wechselt nicht die Arbeitsvertragsform (wenn sie auch umsatzorientiert oder anders ergebnisorientiert

variiert wird), aber ihre Vertragsfähigkeit gegenüber dem Markt wird ausgebaut (bzw. ihre interne Vertragsfähigkeit, mit anderen Mitarbeitern schnell wechselnde Kooperationen auszuhandeln). Wir beschreiben diesen Prozeß noch momentan unter einem anderen Namen: ‚Kundenorientierung'. Das ist ein harmloser Name für grundlegende Änderungen in der Organisation.
Die Dissipationsökonomie erreicht eine höhere Marktintegration, indem sie

1. einen Teil ihrer Leistungen, die vordem rein interne hierarchische Regelungen waren, über Marktkontrakte abwickelt (Kooperation mit der ‚freien Arbeit', den ‚extrapreneurs') und indem sie
2. die Marktkontraktkompetenz der Kernmannschaft erhöht.

Beide Prozesse bedeuten eine Ökonomisierung der Organisationen, wenn man ‚Ökonomisierung' einen Prozeß nennt, der ‚market behaviour' forciert (und die organisierte Kooperationskompetenz, typisch für ‚klassische' Unternehmensorganisationen, abbaut). ‚Market behaviour' ist hier nur ein anderer Name für die Einführung des Risikos, Anschlußaufträge zu verlieren oder aus bestimmten avancierten Positionen im Unternehmen herausgenommen zu werden. Zugleich ist ‚market behaviour' auch ein Name für die Vervielfältigung der Anreize, d.h. der Chancen, seine Erträge zu steigern.

Auffällig ist die Typusänderung bei den ‚free lancers' (und, neuerdings, bei den ‚e-lancers'), d.h. bei den hochkompetenten ehemaligen Mitarbeitern, die sich selbständig machen und mit ihren – ehemaligen – Unternehmen nur mehr noch Netzwerkbeziehungen aufrechterhalten. Netzwerkbeziehungen sind vertragliche Beziehungen von eigenständigen Leistungsträgern, die gewisse Kontraktionsvorrechte haben (wer im Netzwerk Mitglied ist, wird eher angesprochen als Nichtnetzwerkmitglieder). Allein um die Disposition aufrechtzuerhalten, im Netzwerk jemanden beanspruchen zu können, sind Verträge nötig. Anderweitig ist der so vertraglich nur noch lose gekoppelte neue Selbständige (‚networker') allen anderen Verträgen außerhalb des Netzwerkes offen. Dispositionsverträge in Netzwerkbeziehungen sind Zwischenstrukturen, die eine gewisse Sicherheit der Vertragsbindung mit einer neuen Selbständigkeit des Erwerbs verknüpfen, gleichsam eine Halb-Freiheit (die Akquisitionskosten senkt). Man sieht, daß in dieser Halbordnung der Kontraktformen eine Transitionsmöglichkeit liegt, die bei vielen ‚outsourcings' tatsächlich wahrgenommen wird.

Die Sicherheit fester Arbeitskontrakte wird durch eine, zeitlich begrenzte, Vertragsbindung bezüglich Leistungsbeziehungen ersetzt, gleichsam als eine Art Auslöse- und Startkapital für die neue Selbständigkeit. Diese Form der Kontraktierung freier Arbeit wird von den so Herausgenommenen (‚outsourced') akzeptiert, weil die Alternative, arbeitslos zu werden, minder einkommensträchtig ist als das Risiko, selbständig zu werden mit einem Anfangskontrakt längerfristiger Leistungsbindung.

Was für die ‚outgesourcten' Mitarbeiter an neuer Selbständigkeit gewonnen ist, gilt für die intern verbleibenden Mitarbeiter in gewissem Maße auch. Innerhalb der neuen dissipierten Organisationen sind die Intrapreneurs allerdings erst einmal nur Semi-Unternehmer. Es wird von ihnen erwartet, daß sie unternehmerisch selbständig agieren können, aber das Risiko bleibt das der Unternehmensorganisation. Sie setzen kein eigenes Kapital ein, gefährden allerdings ihre Gehaltsauszahlungshöhen (wenn entsprechende variante Vertragsformen vorliegen). Der feste Kontrakt bleibt bestehen, aber innerhalb des Kontraktes wird eine höhere Variabilität eingeführt, die sich z.B. an Umsatzentwicklungen orientiert. Innerhalb der formellen Verträge erhöht sich die Menge der möglichen informellen Verträge.

Indem sie persönlich marktunmittelbarer agieren, sind Erfolge wie Fehler natürlich persönlich zurechenbarer als in hierarchischen Organisationen. Die Organisationsform macht jedes Handeln transparenter, die handelnden Personen evaluierbarer. Das hat Folgen für die Bewertung und für den Personaleinsatz. Wissens-, Entscheidungs- und Kommunikationsdifferenzen werden schärfer und klarer beobachtbar. Man wird sich schneller dafür entscheiden, in bestimmten Positionen andere Mitarbeiter einzusetzen oder die nötigen Kompetenzen auf dem Markt einzukaufen. Der ‚human capital'-Umsatz wird steigen. In Antizipation dieses Trends werden die ‚high qualified workers and employees' von sich aus in die interessanteren Projekte einsteigen, d.h. den Wechsel der Tätigkeit auf dem Markt so lange verfolgen, wie sie nachgefragt werden. Jeder ‚high-knowledge-worker' ist potentiell in der Lage, aus einem längerfristigen Arbeitskontrakt in ‚freie Arbeit' zu wechseln – eine Tatsache, die nicht nur das Kontrakteinkommen steigert, sondern auch Rückwirkungen hat auf die Organisationsform, die auf eine höhere Autonomie zugeschnitten werden muß, um die Leute zu halten.

Es bildet sich eine ‚high-quality-worker'-Elite heraus, die nicht allein durch ihr Wissen definiert ist, sondern durch die Wissensdynamik, d.h. die Aktualität (und permanente Aktualisierung) ihres Wissens in schnell entwertenden Wissenslandschaften. Die Nachfrage wird ständig größer sein als das Angebot, was nicht nur die Preise erhöht, sondern es für die high-knowledge-Anbieter attraktiv macht, ihre Kompetenz nicht nur einer Organisation zur Verfügung zu stellen, sondern, spektral, mehreren. Weil die Nachfrage aus den Organisationen höher ist als das jeweils aktuelle Angebot, müssen sich die Organisationen auch aus diesem Grund auf Dissipation umstellen. Sie haben, bei diesen ‚high-level-positions', gar nicht die Chance, solche Leute permanent einzustellen oder sie vertraglich längerfristig und ausschließlich zu binden (wie sie sich umgekehrt an potentiell entwertbare Ressourcen nicht binden wollen). Sie müssen sie über befristete Aufträge binden, und ihre Organisation so organisieren, daß sie über diese Schnittstellen arbeiten kann (es sei denn, wie öfters geschehen, die Holding kauft ein neues Unternehmen zu, allein um die ‚high-level-manpower' zu ergattern, die sie auf dem Arbeitsmarkt gar nicht mehr bekommt).

Die Risikoproblematik, die ich vorhin bezüglich der Kontraktformen ansprach, bekommt noch eine zusätzliche Nuance. Die Risiken bestehen vornehmlich in der Entwertung des privaten ‚knowledge' oder ‚human capital' (mit der Konsequenz, daß wir einen sich ausweitenden Wissensmarkt bekommen werden, auf dem einerseits Wissen für die laufende Unternehmensarbeit angeboten wird, andererseits aber Ausbildung zum Wissenserwerb. Der Bildungsmarkt wird stark expandieren und im neuen Jahrhundert eine neue Wachstumsbranche werden). Die Risiken bestehen darin, aktiv sich aus der Unternehmensorganisation auszugrenzen oder ausgegrenzt zu werden. Längerfristige Vertragsbindungen lohnen sich dann nur noch für die Mitarbeiter, aber nicht mehr für die Unternehmen.

Es gibt Parallelkonzepte, z.B. das der ‚learning organization'. Hier wird angestrebt, das ganze Unternehmen lernen zu lassen anstatt wissensdynamische Positionen im Unternehmen auszuwechseln oder zuzukaufen. In den ‚learning organizations' wird versucht, das (‚rheinische') Modell längerfristiger Vertragsbindungen mit dem Flexibilisierungsanforderungen so zu verknüpfen, daß der Netzwerkbedarf nicht steigt und Dissipationen vermieden werden. Der Organisationsentwicklungsaufwand ist erheblich, hoch versagensanfällig, vor allem wegen der Idee der alle Mitarbeiter betreffenden Parallelität bzw. Gleichmäßigkeit der Wissensdynamik. Ich halte das für die gefährdetere Variante, die allerdings den Vorteil hat, gelänge sie, die ‚corporate identity' zu halten und zu verstärken und die bewährten Formen organisierter Kooperation zu stärken. Denn in den dissipativen Organisationen werden die traditionellen Formen der Zusammenarbeit durch neue, weniger gesellige, vor allem in den Konstellationen wechselnde Formen abgelöst.

Es wird allerdings schwierig, von einer ‚corporate identity' zu reden, wenn sich der organisatorische Korpus, der vordem immer eine Raum/Zeit-Einheit darstellte, ins ‚communicational network' der neuen Arbeits- und Organisationsbeziehungen auflöst. In ‚virtual organizations' wird die ‚corporate identity' ein spezifisch zu managender Prozeß der ständigen Wiedergewinnung von ‚corporate integrity'. Identität wird zur Flußgröße, ist keine unternehmenskulturelle Ressource mehr, auf die man meint, beliebig zurückgreifen zu können, sondern ein Prozeß des ‚value managements', der ‚trust-relations' ständig neu generieren und kommunizieren muß.

Was ich hier benenne, gilt nur für die ‚high-knowledge'-Elite, die allerdings größer wird, weil sie nicht nur die sogenannten Experten umfaßt, sondern jeden, der in der Wissensdynamik avantgardistisch agiert. So wie die dissipierten Leistungseinheiten Produzent und Produkt zugleich sind, werden die Arbeitsplätze ebenso bivalent bewertet werden: Welche Kompetenzausübung sie gestatten und welches Wissen sie zu generieren helfen. Der Schritt in die Selbständigkeit ist leicht getan (insbesondere wegen der oft nur geringen nötigen Kapitalausstattung), so daß die Unternehmen beide Optionen verfolgen müssen:

1. attraktive Arbeitskontrakte anbieten, aber
2. auch ‚best competences' von außen einzukaufen.

Typisch sind hierfür Netzwerkorganisationen. Netzwerke bestehen aus ‚weichen Verträgen', haben die Gefahr hoher Transaktionskosten, aber dynamische Eigenschaften, insbesondere eine hohe Anpassungsfähigkeit. Einerseits ermöglicht die Redundanz für das Netzwerk insgesamt ein hohes Maß an Flexibilität, auch wenn die einzelnen Netzwerk-Unternehmen relativ inflexibel sind. Andererseits induziert weich kontrahierte, kooperative Arbeitsteilung mit mehreren Partnern Lerneffekte, ist also förderlich für die Diffusion von Innovationen („strength of weak ties").

Netzwerke sind Formen virtueller Organisationen, die durch die Kooperation ‚lernen', nicht als Kooperationsgebilde, wie die ‚learning organization'. Virtuelle Organisationen bilden eine ‚co-opetition' aus, eine Mischung von ‚cooperation' und ‚competition'. Diese duale Struktur ist adaptionsfähiger als das schwerflüssigere Gebilde der ‚learning organization', das die Kosten des Mißlingens internalisieren muß (während die ‚virtual organization' sie externalisieren kann).

‚Learning organizations' und ‚virtual organizations' sind zwei diametral entgegengesetzte Enden eines Organisationsspektrums, in dem die meisten Unternehmen Mischformen darstellen. Beide Endungen unterscheiden sich von den alten hierarchischen Firmen durch ihre dynamische Modulation; beide müssen neue Flexibilitäten und Marktadaptionen erzeugen. Beide leisten das durch unterschiedliche Vertragsstrukturen, die unterschiedliche Formen der Arbeit konfigurieren.

In Deutschland wird sich ein besonderer Mix herausbilden, der sich einerseits auf die Virtualisierung der Organisationsstrukturen einlassen muß, andererseits aber die ‚learning organization' beibehält, und zwar im Kompetenzkern. Hier werden sich längerfristige Verträge halten und konzentrieren, und auch eine Form der Vertrauenskultur. Dieser ‚German mix' wird die kontinentale Tradition der Unternehmens- und damit der Wissensbindung weiter pflegen, aber nur im Kern, während die Satellitenwolke des Netzwerks eine ‚virtual organization' bilden wird, mit hoher Austauschbarkeit oder Variabilität der Leistungsbeziehungen (und natürlich mit Oszillationen zwischen Kern und Satellitenwolke).

Diese ‚Spektralanalyse' ist schematisch. Praktisch werden nicht nur Mischungen, sondern auch Phasenverschiebungen bedeutsam. Eine ‚virtual organization' kann sich unter Wettbewerbsbedingungen in eine geschlossenere Form der Organisation transmutieren, nicht nur im Kompetenzkern. Über die Stabilitäten von ‚virtual organizations' wissen wir noch zu wenig. Möglicherweise eignen sich ‚virtual organizations' nur für bestimmte Organisationsbereiche; möglicherweise bekommen wir es mit Oszillationen um die beiden Spektralformen zu tun. Die beiden Endungen definieren nur folgende signifikante Differenz:

Bindung von Wissen über längerfristige Verträge / Kauf und Verkauf von Wissen, mit kurzen Verträgen.

Wechsel von der einen zur anderen Formen sind nicht symmetrisch (jedenfalls nicht unter den institutionellen Bedingungen deutschen Tarifrechts). Wechselt man zu längerfristigen Verträgen, geht man hohe ‚human capital'-Bindungen ein. Ein Rückwechsel in ‚virtual organizations' ist nicht ohne hohe Kosten möglich.

Wir stehen erst am Beginn dieser Entwicklung der dissipativen Ökonomie. Gewiß ist es, daß wir ein reichhaltigeres Formenspektrum von Organisationen bekommen werden, mit unterschiedlichen Vertragsmodalitäten. Die Tendenz zu kurzen Verträgen nimmt zu.

Was geschieht mit den anderen, die nicht zu dieser ‚high-knowledge'-Elite gehören? Viele der Arbeiten werden stärker als bisher standardisiert werden, mit dem Vorteil, daß man die Branchen besser wechseln kann, wenn man z.B. eine WINDOWS-Kompetenz hat. Natürlich wird ein Großteil der Arbeit routinisiert bleiben, ohne unternehmerische Komponente. Der ‚intrapreneurialen Dimension' sind Grenzen gesetzt. Allerdings gehört auch zu diesen Arbeiten in unternehmerisch gestrickten Umgebungen eine erhöhte Kommunikationagilität und Organisationskompetenz. Jede Arbeit in den dissipierten Unternehmen wird stärker als bisher, oder überhaupt erstmals, als ‚service' verstanden werden für die Kunden außerhalb oder für die Intrapreneurs innerhalb. Man arbeitet nicht mehr in einer Fachabteilung, sondern projektbezogen, d.h. leistet ‚services' für agile Projekte, was auch bei diesen Tätigkeiten ein höheres Maß an Flexibilität anfordert.

Das Spektrum der Lohn- und Gehaltsdifferenzierung wird ausgeweitet werden. Was in Deutschland tarifvertraglich in einem hohen Einkommenskorridor gehalten wird, wird sich durch die Zeit- und Projektverträge flexibilisieren, ein gewerkschaftlich kaum noch zu reglementierender Bereich. Wenn das Einkommen über ein Tätigkeitsportfolio gewonnen wird, in dem verschiedene, nichtsynchronisierte Jobs parallel ausgeübt werden, erhöht sich die Opportunität, offene, gegebenenfalls auch einkommensniedere Verträge einzugehen, weil die Einkommenskontinuität höher bewertet wird als die Qualität tarifvertraglich geschlossener Verträge. Die Höhe des Einkommens und andere Absicherungen sind in einer Welt singulärer und längerfristig abgeschlossener Verträge weitaus bedeutsamer als in einer Tätigkeits-Portfolio-Welt kurzfristigerer Projektarbeitsverträge. Natürlich will man auch in der Portfolio-Welt sein Einkommen hoch halten und verbessern, aber in Zeiten schwierigerer Vertragssuche und -findung ist die Vertragsanschlußfrequenz höher gewichtet als die jeweilige Einkommensoptimierung.

Die höhere Flexibilität und Marktreagibilität wird an der Schnittfläche von Organisation und Markt oft als ‚Kundenorientierung' erwartet. Das bedeutet nicht nur eine Neuorientierung der Kompetenz von Mitarbeitern, sondern auch eine Reordination der internen Beziehungen: interne Abteilungen werden zu ‚service'-Abteilungen der Kundenfrontmitarbeiter. Kundenorientierung ist nur der Name für eine Reordination der Unternehmen, deren Tragweite noch kaum abzusehen ist. ‚Kundenorientierung' läuft auf eine horizontale Steuerung der Wertschöpfungsprozesse der Organisation hinaus: Der Kundenkontakter muß die Autorität haben, die Organisation auf die Realisation der Kundenwünsche zu fokussieren, in real time.

Organisationen werden unter diesen Bedingungen fluide Hüllen für wechselnde Ideenproduzenten und -umsetzer, die sich anstelle von hierarchischen Organisationsregeln durch heterarchische Kommunikationsformen verbinden. Der Habitus der Kooperateure wird ein entscheidendes Organisationskoppelungsmoment werden. Überhaupt wird die Organisation eher als Kooperationsmodus denn als Organisation beschrieben werden, in der Dualität von Kooperation und Kompetition.

Kommunikation, Vertrauen

Virtuelle Organisationen können ihre Identität nicht mehr durch andauernde Mitgliedschaft, durch Anstellungsverhältnisse und interne Kooperationsroutinen definieren. Ihnen fehlt das (relative) Vertrauen, das sich in lernenden Organisationen ausbilden kann. Marktbeziehungen sind verschieden von hierarchischen Koordinations- und Kooperationsbeziehungen. Deshalb ist es für virtuelle Organisationen sehr viel schwieriger, eine ‚corporate identity' herzustellen. Die marktlich koordinierten Leistungsbeziehungen unterliegen dem Wettbewerb, d.h. sie bilden selten wiederkehrende Kooperationsmuster aus.

Virtuelle Organisationen müssen ihre Identität über die Attraktivität ihres ‚brands', ihrer Produkte und Leistungsangebote herstellen. Es ist vorteilhaft für sie, eine ‚story' zu haben. Mit einem spezifischen Kompetenzkern zusammenzuarbeiten, muß nicht nur profitabel sein, sondern auch statusaufwertend. Für virtuelle Organisationen ist ihr Marketing nicht nur für die Kundenbeziehungen, sondern auch für die Wertigkeit der Leistungsbeziehungen signifikant. Mit erfolgreichen Unternehmen zu kooperieren, die auch sagen, daß sie erfolgreiche Unternehmen sind, erhöht den eigenen Value im Netzwerk.

Anstelle von Kooperationsidentitäten haben wir es im Falle der virtuellen Organisation vornehmlich mit *Kommunikationsidentitäten* zu tun. Man kooperiert über marktliche Leistungsbeziehungen eher mit Kompetenzkernen, die einen höheren gesellschaftlichen Kommunikationswert haben (oder eine höheren Potentialwert, der allerdings nur gilt, wenn er auch kommuniziert wird, z.B. an Börsen). Um es genauer zu sagen:

- *Lernende Organisationen* bilden ihre Identitätsmuster durch die Formen der Kooperation innerhalb des Unternehmens aus, d.h. durch vertrauensvolle Zusammenarbeit. Gelungene Zusammenarbeit ist gelungene *interne Kommunikation*.
- *Virtuelle Organisationen* bilden hingegen ihre Identitätsmuster über gelungene *externe Kommunikation* aus. Es kommt nicht nur darauf an, wie Kompetenzkern und Netzwerksatellit zusammenarbeiten (natürlich muß auch das stimmen), sondern auch darauf, wie der Kompetenzkern (oder der Netzwerksatellit) in der Öffentlichkeit kommuniziert wird. Gesellschaftliche Erwartungen sind hierbei orientierend – und die Produktion dieser Erwartungen. Differenzieren wir:
- *Lernende Organisationen* kommunizieren mit den Kunden wie mit den Mitarbeitern der Organisation – extern, um die Transaktionschancen, intern, um die Kooperationschancen zu erhöhen.
- *Virtuelle Organisationen* kommunizieren intern wie extern nach dem gleichen Muster, zugleich aber noch mit der Gesellschaft, über alle relevanten Medien.

Denn weil die virtuellen Organisationen für Kunden wie für Mitarbeiter identitätsloser sind als lernenden Organisationen, können sie die Identitätsmarkierungen nicht über Organisation lösen, sondern nur über symbolische Bedeutungen und Kommunikation.

Sie müssen ihre Identität in eine Metapher, in ein Symbol ‚auslagern', damit sie 1. erkennbar bleiben und 2. dennoch flexibel sein können. Unter der Invarianz des Symbols kann sich die virtuelle Organisation elastisch formieren und re-formieren.

Die lernende Organisation – als anderer Extremtypus – muß ihre Identität mit ihren Lernschritten mitverwandeln. Ihre Identität ist deswegen variabel, weshalb der Änderungsprozeß der lernenden Organisation immer auch ein Identitätsrestabilisierungsprozeß ist. Der Lernprozeß kann zu einem Identifikationsmerkmal werden, aber das bleibt ambivalent.

Die Auswirkungen auf die Identitätsmuster sind erheblich. Wenn man virtuelle Organisationen als lose Netzwerkkopplungen mit ihren Satelliten beschreibt, ist die Demission der ‚corporate identity' offensichtlich. Daß sich im Satellitennetzwerk neue Kooperationsformen ausbilden, ist eine Gegentendenz (‚guilds'). Zugleich erfordert die virtuelle Organisation eine Umdefinition von Kooperation.

Die Netzwerkwolken um die Kompetenzkerne der virtuellen Organisationen sind besondere Strukturen: weder Markt noch Hierarchie. Kompetenzkerne haben besondere, prioritäre Vortragsbeziehungen zu den Netzwerken. Man geht nicht ‚in den Markt', sondern ‚in sein Netzwerk', weil man seine Netzwerkpartner besser kennt als anonyme Marktpartner.

In diesem Sinne ist es ungenau, zu sagen, daß sich virtuelle Organisationen in Marktbeziehungen auflösen. Sie ‚lösen sich auf', ‚sourcen out', verkaufen etc., aber sie bevorzugen spezifische Transaktionsbeziehungen zu spezifisch ausgewählten Partnern. Gewisse Vertrauensbeziehungen spielen eine herausgehobene Rolle. Wir haben es mit Netzwerken zu tun, d.h. mit ‚Halb-Märkten'. Mit Partnern, mit denen man gut kooperiert, arbeitet man immer wieder zusammen, so daß eine stabile Leistungsbeziehung entsteht. Nicht der Wille zur Kooperation, sondern die Konkurrenz anderer möglicher Kooperationspartner ist das Problem.

Die Beziehungen der Kompetenzkerne zu ihren Netzwerksatelliten sind neuer Art. Zum einen sind es Marktbeziehungen, d.h. man kontrahiert nur, wenn man die Satelliten für die Aufgabenerledigung braucht. Zum anderen aber sind Netzwerkbeziehungen keine rein kontingenten Marktbeziehungen, sondern Vertragsdispositive, die gewisse Bindungsqualitäten haben. Netzwerkbeziehungen sind vorvertragsartige Primärrelationen: bevor man auf den Markt geht, geht man erst ins Netzwerk.

Das heißt, daß die Kompetenzkerne (d.h. die Unternehmen, die sich auf ihre Kernkompetenzen reduziert haben) mit ihren Netzwerkpartnern eher zusammenzuarbeiten als mit Nichtnetzwerkpartnern. Daraus entstehen Kooperationsmuster neuer Art, deren Identitätsmerkmale noch schwierig einzuschätzen sind (mangels längerfristiger Erfahrungen). Natürlich werden gute Kooperationen Vertrauen erzeugen. Gemeinsames Wissen und eingeübte Kommunikation senken die Transaktions- und Kooperationskosten.

Doch wird dieses neue Kooperationsmuster, das eigene Identitäten in der Kooperation erzeugen kann, immer wieder kompetitiv unterbrochen durch höhere Attraktivität anderer Kooperationspartner. Die Kompetenzkerne werden ein neues Kooperationsmanagement entwickeln müssen. Denn die Netzwerksatelliten werden ihre eigene Identität als hochqualifizierter Partner avancierter Kom-

petenzkerne nicht durch einseitige Bindung an einen Kompetenzkern lädieren. Ihre Qualität besteht ja gerade darin, im Netzwerk zwar Kooperationsressourcen zu haben, aber potentiell auch für andere attraktiv zu werden.
Die Qualität der Zusammenarbeit wird dadurch nicht mehr allein durch die Qualität der Zusammenarbeit definiert, sondern durch die in der Zusammenarbeit bewiesene Attraktion für andere, ebenfalls eine Zusammenarbeit anzustreben. Das Kooperationsmanagement muß

1. die Zusammenarbeit bewerten und
2. die eigene Fähigkeit, andere von der Zusammenarbeit abhalten zu können.

Die Identität der Satelliten bzw. die Identität der Mitglieder in den Satelliten speist sich dann vornehmlich daraus, auch für andere kooperationsattraktiv zu sein. Sie beruht nicht mehr nur auf gelungener Zusammenarbeit und guter Kooperation, sondern zusätzlich auf deren potentieller Aufhebbarkeit. Damit aber kommt eine Asymmetrie in die Kooperation, eine ‚co-opetition':

Kooperation unter Kompetitionsbedingungen unterscheidet sich von innerorganisationaler Kooperation. Die unter ‚co-opetition' ausgebildete Identität ist ambivalenzerprobter; sie bewertet die möglichen Kooperationen, welche Investition in ‚human capital', in Kompetenzausweitung sie bieten.

Die Kooperationschancen, die die Kompetenzkerne ihren Netzwerkpartnern zu eröffnen haben, müssen dynamische Qualitäten anbieten: nicht nur Entgelt und ‚income', nicht nur gutes ‚teamwork', sondern auch Qualifizierungsspezifität. Die exzellenten Satelliten können sich die Netzwerkkooperationen danach aussuchen, welches neues Wissen sie erwerben. Die neue Identität, die im Kontext der virtuellen Organisation entsteht, ist nicht nur an die Kompetenz gekoppelt, seine Kompetenz gut einsetzen zu können und anerkannt zu bekommen, sondern darüber hinaus an die Kompetenz, neue Kompetenzen zu entwickeln oder zu erwerben.

Die Kompetenzkerne müssen dann in der Lage sein, ein Integrationsmanagement zu betreiben, das, auf das jeweils anstehende Kooperationsprojekt bezogen, neben dem Angebot zur Zusammenarbeit zudem ein Angebot zur Wissensgenerierung zu bieten. Das können sie tun, weil sie davon ausgehen können, daß die Satelliten in anderen Kooperationen mit anderen Unternehmen ebenfalls neues Wissen generieren, das sie für ihr Projekt geliefert bekommen. Die Netzwerksatelliten werden zu Relais der schnelleren Wissensdiffusion im Wettbewerbskontext. Das unterscheidet sie von reinen ‚service-units', die mit Unternehmenskernen kooperieren und macht sie, bei aller Riskanz, selbstbewußt. Die ‚neue Identität' entwickelt sich nicht vornehmlich über die quasi-unternehmerische Selbständigkeit, auch nicht besonders über die Kooperationsmuster mit den Kompetenzkernen, sondern über die transversale Wissens-Relais-Funktion. Die Netzwerksatelliten stehen zum einen im Wettbewerb, zum anderen ständig in diversen Kooperationen, und in dieser ‚co-opetition' bilden sie eine Struktur, die quer zum Markt liegt, über mehrere Unternehmen gehend, deren Wissen sie verknüpft, indem sie es verteilt.

In diesem Sinne kooperieren die einzelnen Kernkompetenz-Unternehmen indirekt über die ‚brokerage' ihrer Netzwerksatelliten. Neue Marktstrukturen entstehen; der Markt wird nicht mehr als reines Koordinationsagens verstanden, sondern als ‚co-opetition'-Arena. Wissensgenerierung und -diffusion wird zum zentralen agens movens der Optionengewinnung. Das Profitspiel der Unternehmen wird von einem Optionenspiel überlagert, das in den ‚new markets' selber zum Profitspiel wird. Optionen sind keine Produkte, sondern Bewertungen zukünftiger Marktpotentiale, was den ‚Markt für Unternehmen' einschließt. Wenn Unternehmensorganisationen den Marktwert ihrer Produkte/Leistungen wie ihren eigenen Marktwert parallel steigern, sind sie bi-präsent: auf mindestens zwei Märkten gleichzeitig. Sie steigern ihre Markt- wie Fusionspotentiale.

Wenn Unternehmensorganisationen aber potentiell akquisitionsfähig sind, sind ihre eigenen Organisationsentwicklungen wie die eigenen Herausbildungen von Organisationsdesigns von vornherein zeitlich begrenzte Prozesse, in die Fusionen verschwinden und dann völlig neu sortiert und neu angegangen werden. Die jeweiligen spezifischen Organisationsdesigns sind temporäre Zustände in einem dynamischen Markt, die jederzeit rekonstelliert werden können. Deshalb wird die ‚virtual organization' eine dominante Organisationsform werden, weil sie den höheren Dispositionswert hat bezüglich allfälliger Reorganisationen und Rekonstellationen.

Literatur

Alvesson, Matz (1995): Management of Knowledge-Intensive Companies, Berlin/New York: Walter de Gruyter
Antal, Ariane Berthoin / Dierkes, Meinolf / Hähner, Katrin (1997): Business Perception of Contextual Changes, Schriftenreihe der Abteilung Organisation und Technikgenese, Wissenschaftszentrum Berlin
Aoki, M. / Gustafsson, B. / Williamson, O.E. (1990) (eds.): The Firm as a Nexus of Treatise, London: Sage
Baecker, D. (1999): Organisation als System. Frankfurt am Main: Suhrkamp
Baecker, D. (2003): Organisation und Management, Ffm.: Suhrkamp

Baecker, D. (1998): Mit der Hierarchie gegen die Hierarchie, Diskussionspapiere der Fakultät für Wirtschaftswissenschaften der Universität Witten/Herdecke, Nr. 11

Baecker, Dirk (2000): Theorien und Praktiken des Nichtwissens, discussion paper Studium Fundamentale, Universität Witten/Herdecke

Buengarten, Theo (1991) (eds.): Konzepte zur Unternehmenskommunikation, Unternehmenskultur und Unternehmensidentität, Tostedt: Attikon

Busch, Rolf (2000) (ed.): Change Management und Unternehmenskultur, München/Mering: Hampp

Clegg, Stewart R. / Kono, Toyohiro (1998): Transformations of Corperate Culture, Experiences of Japanese Enterprises, Berlin/New York: Walter de Gruyter

Coase, R. (1996): The nature of the firm, in: Putterman, L. / Krozner, R. (eds): The economic nature of the firm, Cambridge (zuerst 1936)

Dierkes, Meinolf (1993): Unternehmenskultur in Theorie und Praxis, Frankfurt/New York: Campus

Franck, Georg (1998): Ökonomie der Aufmerksamkeit, München: Hanser

Gambetta, D. (1998) (Hrsg.): Trust. Making and Breaking Cooperative Relations, Cambridge (Mass.) / Oxford

Grant, David / Oswick, Cliff (1996) (eds.): Metaphor and Organizations, London et al.: Sage

Hanft, Anke (1991): Indentifikation als Einstellung zur Organisation, München/Mering: Hampp

Hartz, Peter (1996): Das atmende Unternehmen. Jeder Arbeitsplatz hat einen Kunden, Ffm./München: Campus

Jansen, St. A. (2002): Die Härte der weichen Faktoren, 46 – 56 in: Universitas edition 2002

Jansen, St.A. / Priddat, B.P. (2001): Electronic Government. Neue Potentiale für einen modernen Staat, Stuttgart: Klett-Cotta

Jansen, St. A. (1998): Der Begriff und das Konzept der virtuellen Unternehmung, Wirtschaftswissenschaftliche Fakultät der Universität Witten/Herdecke

Jansen, St. A. (2001): Mergers & Acquisitions, Wiesbaden: Gabler (4. Aufl.)

Jansen, St.A: / Schleissing, St. (2000) (Hrsg.): Konkurrenz und Kooperation. Interdisziplinäre Zugänge zur Theorie der Co-opetition, Marburg: Metropolis

Kazuma, Tataishi (1992): Unternehmensevolution: Eine japanische Unternehmensphilosophie, Düsseldorf/Wien/New York/Moskau: Econ

Knoblauch, Thomas (1996): Die Möglichkeit des Neuen – Innovation in einer lernenden Organisation, Stuttgart: Verlag für Wissenschaft und Forschung

Krogh, Georg von / Roos, Johan (1996) (eds.): Managing Knowledge. Perspectives on cooperation and competition, London et al. : Sage

Liebl, Franz (1999) (Hrsg.): E-conomy. Management und Ökonomie in digitalen Kontexten. Wittener Jahrbuch für ökonomische Literatur, Marburg: Metropolis

Liebl, Franz (2000): Der Schock des Neuen. Entstehung und Management von Issues und Trends, München: Gerling Akademie Verlag

Littmann, Peter / Jansen, Stefan (2000) (Hrsg.): Oszillodox. Virtualisierung – die permanente Neuerfindung der Organisation, Stuttgart: Klett-Cotta

Loose, A. / Sydow, J. (1994): Vertrauen und Ökonomie in Netzwerkbeziehungen, 160 – 193 in: Sydow, J. / Windeler, A. (Hrsg.): Management Interorganisationaler Netzwerke, Opladen

Menard, C. (2000) (ed.): Institutions, Contracts and Organizations, Cheltenham: Edward Elgar

Moingeon, Bertrand / Edmondson, Amy (1996) (eds.): Organizational Learning and Competitive Advantage, London et a. : Sage

Osterloh, Margit / Frost, Jetta (2000): Koordination, Motivation und Wissensmanagement in der Theorie der Unternehmung. Zum Steuerungsrepertoire von Organisationen, S. 193 – 218 in: Beschorner / Pfriem 2000

Picot, A. / Reichwald, H. / Wigand, R. (1996) (Hrsg.): Die grenzenlose Unternehmung, Wiesbaden: Gabler

Picot, Arnold / Dietl, Helmut / Franck, Egon (1999): Organisation. Eine ökonomische Perspektive, Stuttgart: Schäffer Pöschel

Pierer, Heinrich von / Oetinger, Bolko von ((1997) (Hrsg.): Wie kommt das neue in die Welt? München und Wien: Hanser

Priddat, B.P. (2000a): Menschen in Kooperationen – Organisationen als Identitätslandschaften, S. 21 – 44 in: Hentschel, B. / Müller, M. / Sottong, H. (Hrsg.): Verborgene Potenziale, München

Priddat, B.P. (2000b): Arbeit an der Arbeit: Verschiedene Zukünfte der Arbeit, Marburg

Rifkin, Jeremy (2000): Acess. Das Verschwinden des Eigentums, Ffm./N.Y.: Campus

Saussier, St. (2000): When incomplete contract theory meets transaction cost economics: a test, 376 – 398 in: Menard 2000

Schlicht, E. (2002): Social Evolution, Corporate Culture, and Exploitation, IZA-discussion paper No. 651, Nov. 2002

Schlicht, E. (2003): Consistency in Organization, IZA discussion paper Nr. 718, February 2003

Scott, W. Richard (1995): Institutions and Organizations, Thousand Oaks et al.:Sage

Shinoya, Y. / Yagi, K. (2000) (eds.): Competitition, Trust, and Cooperation, Berlin / Heidelberg / New York: Springer

Siegenthaler, Hansjörg (1993): Regelvertrauen. Prosperität und Krisen, Tübingen: Mohr-Siebeck

Simon, Herbert A. (1991): Organizations and Markets, in: The Journal of Economic Perspectives, Vol. 5, Nr. 2

Sjöstrand, Sven-Erik (1997): The two Faces of Management. The Janus Factor, London et al.: The International Thomson Business Press

Soukup, Chr. (2002): net. working. Arbeiten und Führen in Netzwerkstrukturen, 78 – 92 in: Universitas edition 2002

Universitas edition (2002): Die Werte des Unternehmens. Eberhard von Kuenheim Stiftung, Stuttgart / Leipzig: Hirzel

Weick, K. E. / Sutcliffe, K. M. (2001): Managing the Unexpected. Assuring High-Performance in an Age of Complexity, San Francisco: Jossey-Bass

Weik, Karl E. (1995): Der Prozeß des Organisierens, Frankfurt a.M: Suhrkamp

Weik, Karl E. (1995): Sensemaking in Organizations, Thousand Oaks: Sage

Whetten, David A. / Godfrey, Paul C. (1998): Identity in Organizations, London/New Delhi: Sage Publications

Wieland, J. (1996): Ökonomik der Transaktionskostenatmosphäre, in: Priddat. B.P. /Wegner, G. (Hrsg.): Zwischen Evolution und Institution – neue Ansätze in der ökonomischen Theorie, Marburg: Metropolis

Wieland, Josef (1996): Ökonomische Organisation, Allokation und Status, Tübingen: Mohr-Siebeck

Wieland, Josef (1998): Kooperationsökonomie. Die Ökonomik der Diversifität, Abhängigkeit und Atmosphäre, in: Wegner, G. / Wieland, J. (Hrsg.): Formelle und Informelle Institutionen, Marburg: Metropolis

Wieland, Josef (1998b): Informationsnetzwerke und moralische Unternehmenskommunikation, in: Lenk, H. / Maring, M. (Hrsg.): Technikethik und Wirtschaftsethik, Opladen: Westdeutscher Verlag

Wieland, Josef (1999): Die Ethik der Governance, Marburg: Metropolis

Williamson, Oliver (1996): The Mechanism of Governance, Oxford: Oxford University Press

III. Strategische Kommunikation

Die BASF in der politischen Öffentlichkeit

Eggert Voscherau

1. The Chemical Company – Anspruch und Strategie der BASF

Dezember 2003: Auf einer eigens dafür angesetzten Pressekonferenz stellt die BASF ihr neues Selbstverständnis und ihr weiterentwickeltes Erscheinungsbild der Öffentlichkeit vor. Neben den sechs neuen Unternehmensfarben fällt am stärksten der neue Anspruch ins Auge: BASF – The Chemical Company. Die Überraschung bei den Beobachtern ist groß: Warum betont das Unternehmen so stark die nach wie vor kritisch beäugte Chemie? Was verbirgt sich hinter diesem sogenannten Claim, der, wie die meisten Kommentatoren schnell erkannten, ein Maß an Mut voraussetzt, das sich deutlich vom bisherigen Auftreten der Branche unterscheidet?

Die Antworten darauf sind überraschend einfach: Wir sind überzeugt davon, dass die Chemie unverzichtbare Beiträge zu einer nachhaltigen Entwicklung leistet. Fortschritte in Gesundheit, Ernährung, Mobilität, Telekommunikation und Ressourcenschonung sind ohne sie nicht denkbar. Ohne Innovationen aus der Chemie können viele Branchen nicht erfolgreich arbeiten. Als führendes Unternehmen der Chemie sind wir stolz auf unsere Beiträge zu einer modernen Industrie- und Wissensgesellschaft. Daher bekennt sich die BASF eindeutig zur Chemie; sie legt ihre Strategie dar und vertritt ihre Interessen offensiv. Entsprechend offen vermitteln wir unsere Ziele und Anliegen unseren Stakeholdern, also Kunden, Investoren und Mitarbeitern sowie den Medien, der Politik und der Gesellschaft. Was diese Strategie enthält, auf welche Ausgangssituation sie sich bezieht und welchen Beitrag die Kommunikation dazu leistet, unsere Ziele gemeinsam mit unseren Stakeholdern zu erreichen, ist Gegenstand dieses Beitrags.

Der Anspruch

Der Anspruch der BASF hat es tatsächlich in sich. „The Chemical Company" – *das* Chemieunternehmen zu sein, bedeutet zwar nicht, stellvertretend für die ganze Branche zu agieren, aber doch in führender Position ihre wirtschaftliche, technologische, soziale und ökologische Entwicklung nachhaltig mit zu gestalten. Der neue Claim beschreibt dabei nicht nur unser, auf der Basis großer unternehmerischer Leistungen gewachsenes, Selbstvertrauen in die Leistungs- und Innovationskraft unserer Kernkompetenz „Chemie". Er drückt auch unsere Überzeugung aus, mit der richtigen Strategie die Aufgaben der Zukunft bewältigen zu können.

Die Strategie

Wie viel eine konsequent umgesetzte unternehmerische Strategie wert ist, zeigt sich vor allem in wirtschaftlich schwierigen Zeiten. Die Strategie, die von BASF über alle Aufs und Abs der letzten Jahre durchgehalten wurde, lautet: Wir sind ein Chemieunternehmen und konzentrieren uns auf die Aktivitäten Chemie, Pflanzenschutz und Ernährung sowie Öl und Gas. Wir haben frühzeitig in Wachstumsmärkte investiert und sind heute auf allen wichtigen Märkten der Welt präsent. Die Vorteile unseres Verbunds helfen uns, kosteneffizient zu arbeiten und stärken uns für den harten Wettbewerb. Wir haben unser Portfolio gegenüber Konjunktur- und Ölpreisschwankungen stabiler gemacht.

Gemäß dem Motto „never change a winning team" braucht die BASF daher keine völlig neue Ausrichtung, sondern sie kann mit Blick auf die Herausforderungen der nächsten zehn Jahre ihre solide Substanz operativ weiterentwickeln und profilbildend schärfen. Die Inhalte dieser Weiterentwicklung haben wir in der Strategie „BASF 2015" beschrieben, in der wir auf unserem Weg in die Zukunft Bewährtes mit Neuem verknüpfen, um weiterhin an der Spitze der chemischen Industrie zu sein.

Die vier integrierten und simultan verfolgten strategischen Leitlinien von „BASF 2015" lauten:

➢ Wir verdienen eine Prämie auf unsere Kapitalkosten. Das heißt, dass wir den Einsatz unserer Mittel noch stärker als bisher auf diejenigen Arbeitsgebiete konzentrieren, die attraktiv sind, in denen wir besondere Leistungen anbieten können und die ein profitables Wachstum ermöglichen.
➢ Wir helfen unseren Kunden, erfolgreicher zu sein. Denn ihr Erfolg ist unser Erfolg. Daher wollen wir unseren Kunden zu passenden Lösungen für ihren Erfolg verhelfen. Unsere aktuellen und zukünftigen Kunden werden wir noch stärker zum Ausgangspunkt unseres Denkens und Handelns machen. Wenn wir unseren Kunden mit marktorientierten Innovationen und neuen Geschäftsmodellen dabei helfen, erfolgreicher zu werden, dann werden auch wir erfolgreich. Dazu werden wir unsere Aufmerksamkeit ganz besonders auf die Wissensgebiete richten, die uns und unseren Kunden neue Geschäftspotenziale bieten. Dazu zählt neben den Materialwissenschaften, der Nanotechno-

logie und den Technologien zum Energiemanagement insbesondere die Biotechnologie.
➢ Wir bilden das beste Team der Industrie. Ohne leistungsfähige und motivierte Mitarbeiter kann kein Unternehmen seine Zukunft gestalten. Denn nur das beste Team gewährleistet im harten Wettbewerb den dauerhaften wirtschaftlichen Erfolg der BASF.
➢ Wir wirtschaften nachhaltig für eine lebenswerte Zukunft. Die Grundlage für unseren wirtschaftlichen Erfolg sehen wir immer in Verbindung mit unserer Verantwortung für Gesellschaft und Umwelt. Die Nachhaltige Entwicklung ist deshalb das Leitbild all' unseres Handelns, für das wirtschaftlicher Erfolg, soziale Stabilität und der Schutz der Umwelt gleichrangige Maximen sind.

Kapital, Kunden, Mitarbeiter und Gesellschaft – in diesem magischen Viereck muss die BASF ihren Erfolg erarbeiten, aus ihm entspringen die Herausforderungen und die notwendigen Impulse für die Unternehmensentwicklung. Damit wir im globalen Wettbewerb auch künftig erfolgreich sein können, brauchen wir verlässliche wettbewerbsfähige politische Rahmenbedingungen.

2. Die chemische Industrie heute – Herausforderungen der Weltwirtschaft

Die Ausgangslage der Chemiebranche ist nach wie vor gut. Sie wirf nicht nur ihre Masse in die volkswirtschaftliche Waagschale, sondern vor allem Klasse. Als Querschnittsindustrie bedient sie eine große Palette von Abnehmerbranchen. Von A wie Automobil bis Z wie Zahnersatz gibt es kaum ein modernes Produkt, für dessen Entwicklung die Chemie nicht Wegbereiter ist. Die Chemie ist die innovativste Branche und der Innovationsmotor Deutschlands: Allein in Deutschland investiert sie jährlich acht Milliarden Euro in Forschung und Entwicklung, rund eine Milliarde Euro davon allein die BASF. Der Umsatz mit Produktneuheiten aus der Chemie liegt bei 20 Milliarden Euro im Jahr. Die Chemie trägt einen erheblichen Teil unserer Volkswirtschaft: Sie gibt 465.000 Menschen Arbeit und erzielt ein beträchtliches Exportvolumen (rund 85 Milliarden Euro in 2002). Auch auf europäischer Ebene steht die Chemieindustrie an einer Spitzenposition. Die europäische Chemieindustrie ist die größte weltweit und produziert mehr als ein Viertel des jährlichen Weltmarktvolumens. Über 25.000 Unternehmen beschäftigen 1,7 Millionen Menschen, setzen über 520 Milliarden Euro um und haben 2002 einen Exportüberschuss von 70 Milliarden Euro erzielt.
Zu den wirtschaftlichen Herausforderungen zählt, dass weltweit in Zukunft das Wachstum der Chemie unter dem Wachstum des Bruttoinlandsprodukts liegen wird. Mit dem Materialverbrauch in der Produktion sinkt der Bedarf an

chemischen Produkten. Der Wettbewerb in der Chemieindustrie wird dadurch noch härter. Überkapazitäten in einigen Arbeitsbereichen, der Verlust des Spezialitäten-Charakters bei zahlreichen Produkten (wenige Anbieter mit jeweiligen technologischen Besonderheiten) sowie der Trend, dass immer mehr Produkte vereinheitlicht und in großen Mengen hergestellt werden (Kommoditisierung), drücken Preise und Margen.

Dazu kommt die Verschiebung der Chemiemärkte: Der wirtschaftliche Aufholprozess in Asien, Mittel- und Osteuropa geht mit einem dynamischen Wachstum des Chemieverbrauchs in diesen Ländern einher. In den nächsten 10 Jahren wird die Zahl der Konsumenten unserer Produkte in den klassischen Märkten wie Westeuropa und Nordamerika nur gering wachsen. Dagegen wird sie sich in den heutigen Schwellenländern – vor allem in China – nahezu verzehnfachen. Die Chemieproduzenten in diesen Ländern gewinnen Weltmarktanteile hinzu. Unsere Abnehmerbranchen, wie zum Beispiel die besonders lohnintensive Bekleidungs- und Textilindustrie verlagern im Zuge der fortschreitenden Globalisierung ihre Produktionsstandorte. Weite Teile der Produktion wurden schon vor einiger Zeit in die Wachstums- und Niedriglohnländer Asiens verlegt. In der Folge wuchs die Nachfrage nach Textilchemikalien in Asien dynamisch, in Europa dagegen kaum. Die Chemieindustrie zog nach, um den Bedarf vor Ort bedienen zu können. Das Beispiel macht Schule bei vielen anderen Weiterverarbeitern unserer Chemieerzeugnisse.

Dazu kommt, dass die Konkurrenz aus dem asiatischen Raum wesentlich kostengünstiger produziert und bei der Entwicklung und Anwendung neuer Technologien rasch aufholt. Sobald der heimische Markt gesättigt ist, werden asiatische Firmen mit ihren Produkten nach Europa drängen, um ihre Produktionskapazitäten auszulasten. Konkurrenzdruck wird auch durch Wettbewerber aus dem Mittleren Osten aufgebaut, die ihre Rohstoffkostenvorteile im Kampf um Marktanteile voll ausspielen können: Sie können konkurrenzlos günstig quasi „direkt auf dem Bohrloch" produzieren. Hinzu kommen teilweise staatlich verordnete Preisnachlässe für inländische Produzenten. Zurzeit wird diese Produktion noch durch die starke Nachfrage aus China absorbiert, es ist jedoch absehbar, dass Petrochemikalien aus dem Mittleren Osten auf den europäischen Markt drängen werden.

3. Strategische Antworten der BASF

Die BASF hat sich diesen Entwicklungen frühzeitig gestellt und entsprechend positioniert. Zum einen verfolgt sie seit Anfang der 90er Jahre in Asien zusammen mit verschiedenen regionalen Partnern eine ehrgeizige Investitionsstrategie, die zum Aufbau neuer großer Standorte in China und Malaysia führte. Die Märkte vor Ort mit zu entwickeln und das dynamische Wachstum wichtiger Kundenindustrien (z.B. Automobil, Bau, Textil) gewinnbringend auszuschöpfen, sind nach wie vor die Treiber dieser Entscheidungen. Die dortigen Marktpotenziale, aber auch die sehr viel günstigeren Kostenstrukturen geben der Asien-Strategie der BASF besonderes Gewicht. Auch in Nordamerika, dem nach wie vor wichtigsten außereuropäischen Markt, bauen wir unsere Geschäftstätigkeit mit Akquisitionen und Investitionen um und aus.

Damit einher geht die weitere Konzentration auf unsere Kernkompetenzen, um unsere Stärken auszubauen, profitabler zu arbeiten und das Geschäft insgesamt weniger konjunkturanfällig zu gestalten. Prominente Beispiele dafür sind der Ausstieg aus dem Magnetband- und dem Pharma-Geschäft, die Veräußerung unserer Textilfarbstoffaktivitäten und die Stärkung unserer Aktivitäten in den Bereichen Öl & Gas sowie Agro-Chemikalien. Grundgedanke dabei ist, die eigenen Stärken und Ressourcen zu bündeln und zu einer führenden Position in profitablen Geschäftsfeldern auszubauen – oder kurz gesagt: lieber im Agrargeschäft zu den führenden Anbietern gehören als bei Pharma unter „ferner liefen..." zu rangieren.

Ein drittes Element dieses Vorgehens bildet der Ausbau der Technologieführerschaft im Verbund der BASF. Innovative Technologien und Verfahren sind seit jeher eine herausragende Stärke der BASF. Seit der Unternehmensgründung zeigt sich diese Stärke in einer Reihe von technologischen Durchbrüchen und Produktinnovationen. Technologieführerschaft, Kostenvorteile und höhere Wettbewerbsfähigkeit sorgen sowohl bei innovativen Spezialitäten als auch bei standardisierten Massenprodukten dafür, dass die BASF um eine Naselänge vorne liegt. Dies gelingt aber nur, wenn die Technik nicht um ihrer selbst willen betrieben, sondern auf den Kundennutzen ausgerichtet wird. Nicht was technisch geht, sondern was vom Markt nachgefragt wird, bestimmt den Erfolg einer Technologie. Die anwendungsorientierte Forschung und Entwicklung genießt dementsprechend einen hohen Stellenwert bei der BASF, weil sie über ihre künftigen Markt- und damit Entwicklungschancen entscheidet. Die Beherrschung von Schlüsseltechnologien ist für ein kundenorientiertes und technologiefundiertes Unternehmen wie die BASF eine Überlebensbedingung. Daher investiert BASF intensiv in die Biotechnologie und baut ihre führende Rolle in der Nanotechnologie weiter aus. Wir sind fest davon überzeugt, dass wir damit Kunden, Wissenschaft und Gesellschaft neue Chancen eröffnen können, Herausforderungen bei Ernährung, Energie- und Materialverbrauch innovativ und nutzbringend zu bewältigen. Für die weitere Erforschung und verantwortliche Anwendung dieser Technologien treten wir daher auch offensiv ein.

Der Verbund ist als eine ihrer wichtigsten Stärken mittlerweile zu einem global anerkannten Markenzeichen der BASF geworden – so anerkannt, dass das Wort „Verbund" mittlerweile in den englischen Sprachgebrauch eingegangen ist. In unserem Stammwerk in Ludwigshafen historisch gewachsen und entwickelt, exportieren wir diesen einzigartig effizienten Umgang mit Rohstoffen, Chemikalien, Energie und Know-how an neue Standorte außerhalb Deutschlands. An unseren Standorten in Antwerpen (Belgien), Freeport-Geismar (USA), Kuantan (Malaysia) und Nanjing (China) verknüpfen wir in einem ausgeklügelten System die Produktionsanlagen entlang der Wertschöpfungsketten miteinander. Das Nebenprodukt eines Betriebes wird als Ausgangsstoff einer weiteren Produktionskette verwendet, die Abwärme einer Reaktion für eine zweite genutzt und so weiter. Forschungsergebnisse eines F&E-Teams werden weltweit weiterentwickelt und den Bedürfnissen der Standorte und der Kunden vor Ort angepasst. Dadurch sparen wir Energie und Rohstoffe und senken gleichzeitig sowohl Umweltbelastungen als auch Logistikkosten. Indem wir die Verbundstrukturen ausbauen, stärken wir den nachhaltigen Charakter unser Produktionsweise, denn der effiziente Umgang mit Rohstoffen und Energie schützt nicht nur die Umwelt, sondern zahlt sich letztlich in klingender Münze aus.

Die gleichrangige Berücksichtigung ökonomischer, sozialer und ökologischer Interessen ist daher für die BASF kein philanthropisches „nice to have", sondern eine operative Aufgabe. Ein integriertes Managementsystem – der BASF-Nachhaltigkeitsrat – und verschiedene Instrumente wie Lieferanten-Audits oder die Ökoeffizienz-Analyse sorgen dafür, dass Nachhaltigkeit als integraler Teil von Forschung und Entwicklung, Produktion, Logistik und Kundenbetreuung im sogenannten „business case" fest verankert ist. Wir sind davon überzeugt, dass uns dieser umfassende Ansatz langfristige Wettbewerbsvorteile verschafft. In dem wir die Prinzipien der Nachhaltigkeit zur Optimierung von Produkt, Produktion und Transport sowie zur Kundenbindung einsetzen, können wir wirtschaftlichen Erfolg mit dem Schutz der Umwelt und sozialer Verantwortung verbinden.

4. BASF und Öffentlichkeit: Anliegen vermitteln – Interessen verknüpfen

Die Ausgangsbedingungen für die chemische Industrie, die strategischen Antworten der BASF und die genannten Beispiele zeigen zweierlei: Zum einen: Die BASF ist global gut aufgestellt, verfügt über strategische Klarheit und die notwendige Expertise, um die kommenden Aufgaben bewältigen zu können. Zum anderen: Das Unternehmen ist mit seinen vielfältigen Aktivitäten und Anliegen in eine Vielzahl von wirtschaftlichen, sozialen und ökologischen Interessenlagen eingebunden und sieht sich berechtigten Ansprüchen gesellschaftlicher Gruppen (Stakeholder) gegenüber. Dabei kann und will es diese Interessen und Stakeholder nicht nur defensiv berücksichtigen, sondern sie auch aktiv mit dem Unternehmenserfolg verbinden. Dies fordert besondere Leistungen von der Kommunikation des Unternehmens.

Grundlegendes Ziel der Kommunikation ist es, die „licence to operate", die, gesellschaftliche Betriebserlaubnis, zu sichern. Das Vertrauen der Öffentlichkeit in die Sicherheit unserer Produktionsprozesse und Produkte und die Akzeptanz unseres unternehmerischen Handelns bildet die Basis der Position des Unternehmens in der Gesellschaft. Mehr noch, Kommunikation muss auch vermitteln, welche Leistungen für Kunden, Aktionäre, Mitarbeiter und Gesellschaft die BASF erbringt und welcher Gesamtnutzen daraus resultiert. Eine weitere wichtige Aufgabe ist, im permanenten Dialog zur Verbesserung der gesetzlichen und gesellschaftlichen Rahmenbedingungen beizutragen, in denen die BASF ihre Potenziale für eine ausgewogene wirtschaftliche, soziale und ökologische Entwicklung entfalten kann.

Unter Kommunikation ist also weit mehr als nur die schnelle, umfassende und regelmäßige Unterrichtung der Öffentlichkeit zu verstehen. Die nachvollziehbare Darstellung von Geschäftszahlen, die schnelle und offene Information über Schadensereignisse oder die Berichterstattung zur Nachhaltigkeit wird bei BASF mit höchster Aufmerksamkeit betrieben. Das anspruchsvolle Niveau der Öffentlichkeitsarbeit der BASF findet bei Analysten, Journalisten und anderen Fachleuten immer wieder Anerkennung. Doch das erreichen wir nicht nur mit Information, sondern durch intensive Dialoge und Partnerschaften mit den jeweiligen Zielgruppen.

Dies gilt sowohl für die nationale wie auch für die globale Ebene. Die BASF versteht sich als transnationales Unternehmen, das überall, wo es operativ tätig ist, von Kunden, Anwohnern, Medien und Politik, als einheimisches Unternehmen wahrgenommen werden will. Mit unseren Investitionen erschließen wir neue Märkte und sorgen durch Aufträge, gut bezahlte Arbeitsplätze, die Einhaltung internationaler Standards und freiwillige soziale Aktivitäten für Kaufkraft und soziale Entwicklung an unseren Standorten. Für den Schutz von Umwelt, Arbeitssicherheit und Gesundheit gelten überall klare Bestimmungen, werden moderne Technologien eingesetzt und regelmäßige Kontrollen durchgeführt. Wir verankern unser Unternehmen in unseren Nachbarschaften, indem wir Mitarbeiter und Management lokal rekrutieren, sie, deren Familien und die Anwohner regelmäßig informieren und gute Kontakte zu Medien und Politik pflegen. Vertrauen bilden, Akzeptabilität schaffen, BASF als bevorzugten Geschäftspartner und lohnendes Investment etablieren sowie Unterstützung für unsere Anliegen gewinnen, sind weltweit die Ziele für den Umgang mit unseren Stakeholdern.

Unser wichtigstes Ziel in der politischen Öffentlichkeit ist es, dafür zu werben, wettbewerbsfähige gesetzliche Rahmenbedingungen zu schaffen und sie mitzugestalten. Nicht nur Standorte für Produktion, Forschung und Entwicklung, auch die Regulierungssysteme für Wirtschaft, Umwelt und soziale Sicherheit stehen im globalen Wettbewerb. Finanzverfassung, Unternehmensführung, Infrastruktur, soziale Sicherung, Umwelt- und Genehmigungsrecht, Bildungs- und Forschungslandschaft – um nur einige zu nennen – bilden den jeweils nationalen Rahmen, in dem Unternehmen operieren. Dabei bestimmt nicht nur die „hard ware" eines politischen Ordnungsrahmens wie Gesetze, Verordnungen, Steuer- und Abgabenhöhe die unternehmerischen Spielräume. Auch weichere Faktoren wie das Forschungsklima, die Ablehnung oder Akzeptanz neuer Technologien, Reformresistenz oder Risikofreude entscheiden substanziell über die Qualität von Standorten, weil sie häufig die Grundlage politischer und wirtschaftlicher Entscheidungen bilden. Gestalt und Flexibilität dieses Rahmens beeinflussen die wirtschaftlichen und technologischen Entwicklungsmöglichkeiten von Unternehmen sowie ihre sozialen und ökologischen Handlungsmuster. Wer sich wie die BASF nachhaltig entwickeln will, muss daher die Rahmenbedingungen so mitgestalten, dass sie ihrerseits den Zielen der Nachhaltigkeit dauerhaft Rechnung tragen.

Die BASF nimmt dabei für sich in Anspruch, als Teil einer demokratischen Gesellschaft die Anliegen ihrer Eigentümer und Mitarbeiter im politischen Prozess aktiv zu vertreten, die für die Zukunft des Unternehmens als Ganzem und ihres Umfeldes wichtig sind. Gerade in Europa engagieren wir uns besonders, weil wir hier mit knapp 60% unseren größten Umsatz erzielen, die meisten Mitarbeiter beschäftigen und am meisten investiert haben. Wir wollen, dass die erweiterte EU ein erlebbarer Erfolg für die Menschen wird. Daher setzen wir uns auf allen politischen Ebenen dafür ein, dass die EU ihr Ziel erreicht, bis zum Jahr 2010 zum dynamischsten, wettbewerbsfähigsten wissensbasierten Wirtschaftsraum der Welt zu werden (Lissabon-Ziel). Die Zukunft Europas und die Zukunft der BASF sind eng miteinander verbunden.

Als Unternehmen sind wir auch deshalb zur politischen Aktivität aufgefordert, weil unterschiedliche gesellschaftlichen Gruppen zu Recht verantwortliches Handeln in wirtschaftlichen, sozialen und ökologischen Fragen von uns fordern. Und wer seiner Verantwortung gerecht werden will und soll, muss auf die Fragen nach seinen Zielen und Interessen auch Antwort geben. Die Antworten und Vorschläge, die die BASF der politischen Öffentlichkeit unterbreitet, folgen dabei den gleichen Prinzipien, nach denen wir unsere Beziehungen zu allen anderen Stakeholdern gestalten. So langfristig, partnerschaftlich und lösungsorientiert, wie wir mit unseren Geschäftspartnern umgehen, gestalten wir auch unsere politische Kommunikation. Sie soll der steigenden Komplexität der Anforderungen an Politik, Wirtschaft und Gesellschaft gerecht werden, die Fähigkeit erhöhen, Probleme ver- und bearbeiten zu können, Handlungsorientierung vermitteln und im besten Fall „win-win"-Lösungen erzielen.

Die Politik selbst fordert zunehmend Wissenschaft, Wirtschaft und gesellschaftliche Organisationen zu Beratung und Mitarbeit auf. Die Beteiligung externer Expertise bei den Reformen am Arbeitsmarkt (Hartz-Kommission), am System der Sozialen Sicherungen (Rürup-Kommission), an der Förderung der nachhaltigen Entwicklung in Deutschland (Nachhaltigkeitsrat der Bundesregierung) oder der Förderung von Innovationen (Partner für Innovation), an denen die BASF durch den Autor mitgewirkt hat und weiter mitarbeitet, sind solche Beispiele. Sowohl in Berlin als auch in Brüssel ist unternehmerischer Sachverstand bei der Bewältigung schwieriger Probleme mehr denn je gefragt. Das ist richtig und notwendig, denn nur das Einbeziehen unterschiedlicher Kompetenzen bietet die Chance, zum Beispiel so komplexen bürokratischen Regelwerken wie der geplanten Chemikalien-Verordnung der EU (REACH) wieder zu mehr Kostenverträglichkeit, tatsächlicher Risikoorientierung und Handhabbarkeit für Unternehmen und Behörden, mit einem Wort, zu mehr Anwendbarkeit zu verhelfen.

Was BASF dabei u.a. einbringen kann, sind Erkenntnisse darüber, wie sich bestimmte politische Entscheidungen im Unternehmensalltag auswirken. Zusammen mit Partnern, wie den Verbänden der deutschen (VCI) und europäischen Chemieindustrie (Cefic) sowie mit der deutschen Chemiegewerkschaft IG BCE, weist die BASF immer wieder auf die langfristig negativen Folgen einer ständig wachsenden Regulierungsdichte hin, wie sie z.B. bei REACH zum Ausdruck kommt. Dies geschieht sowohl gegenüber der Bundespolitik als auch gegenüber der EU, im offenen Dialog mit den Medien und gesellschaftlichen Gruppen. Die Botschaften sind dabei stets die gleichen:

1. Innovation, Wachstum, Beschäftigungssicherung und Umweltschutz resultieren nicht aus wuchernder Bürokratie, sondern aus kreativen Freiräumen, Risikofreude, Leistungs- und Innovationsbereitschaft sowie effizientem und verantwortlichem Wirtschaften.
2. Die Industrie, nicht nur die chemische, braucht verlässliche und zukunftsoffene Rahmenbedingungen, die nachhaltiges unternehmerisches Handeln nicht behindern, sondern fördern, und sie dazu befähigen, den globalen Wettbewerb auf gleicher Augenhöhe mit ihren Konkurrenten zu bestehen.

3. Fördern heißt, die Unternehmen von administrativen und finanziellen Überlastungen zu befreien, ihnen z.B. beim Umweltschutz Ziele zu setzen, aber den Weg dorthin offen zu lassen.
4. Zukunftsfähige Lösungen entspringen weniger dem Handeln Einzelner, wie z.b. nationaler Regierungen, sondern der übergreifenden und nach vorne gerichteten Zusammenarbeit der Funktionseliten aus Wirtschaft, Gesellschaft und Politik.
5. Wir müssen die eingeleiteten und notwendigen Reformen fortsetzen und wollen dabei die Menschen mitnehmen. Dabei spielt strategische Kommunikation eine entscheidende Rolle.

Immer wieder auf diese Zusammenhänge hinzuweisen, in persönlichen Gesprächen, Podiumsdiskussionen, Interviews und Zeitungsbeiträgen, ist für die Vertreter der BASF mittlerweile zu einem unverzichtbaren Beitrag geworden, die Zukunft des Unternehmens mitzugestalten. Dieser Aufgabe stellen sie sich für das Unternehmen und in den Branchen- und allgemeinen Wirtschaftsverbänden. Den oftmals vermuteten und behaupteten Bedeutungsverlust der Verbände sehen wir nicht. Für die Politik sind sie auf der wirtschaftspolitischen Bühne wichtige Ansprechpartner, die einen umfassenden Überblick über die Lage einer Branche geben und daraus politische Schlussfolgerungen ziehen können. Die Erfahrungen und Expertise ihrer Mitglieder, die VCI und Cefic z.B. bei den Beratungen zur EU-Chemikalienverordnung REACH bündeln, formulieren und in den politischen Prozess einspeisen konnten, suchen ihresgleichen. Gerade auch kleinere und mittlere Unternehmen erhalten über die Verbände eine vernehmbare Stimme im politischen Konzert, die der Politik die Folgen ihres Handelns anschaulich machen. Auch die erfolgreiche Zusammenarbeit mit der IG BCE bei wichtigen Themen wie der Energie- oder Chemikalienpolitik baut sowohl auf industriepolitische Gemeinsamkeiten und persönlichem Vertrauen als auch auf handlungsfähigen Organisationen auf.

5. Wege in eine nachhaltige Zukunft – Beispiel: Ökoeffizienz-Analyse

Die BASF gibt aber nicht nur Antworten, sondern sie liefert auch praktikable Instrumente für eine nachhaltige Entwicklung. Ein Beispiel dafür ist unsere mittlerweile auch international anerkannte Ökoeffizienz-Analyse. Mit diesem seit Mitte der 90er Jahre bei BASF entwickelten und ständig verfeinerten Werkzeug gelingt es, Ökonomie und Ökologie in Einklang zu bringen. Die Ökoeffizienz-Analyse der BASF ist ein strategisches Instrument, um Kosten und Umweltwirkung von Produkten, Verfahren oder ganzen Systemlösungen zu untersuchen. „Strategisch" bedeutet, dass damit entschieden wird, in welche Produkte und Verfahren die BASF künftig investiert und wie wir unser Produktportfolio im Sinne einer nachhaltig, zukunftsverträglichen Entwicklung optimieren.

Bei der Ökoeffizienz-Analyse wird der Lebensweg eines Produktes oder eines Verfahrens von der „Wiege bis zur Bahre" analysiert. Untersucht wird auch das Gebrauchsverhalten der Endabnehmer sowie die verschiedenen Möglichkeiten der Wiederverwendung und Entsorgung. Da die Analyse aus dem Blickwinkel des Kunden angestellt wird, erhalten wir einen Vergleich unserer Leistungen mit denen unserer Konkurrenten. Sie gibt uns wertvolle Hinweise darauf, wie wir unsere Produkte und Verfahren verbessern müssen, um ihren wirtschaftlichen und ökologischen Nutzen für unsere Kunden zu steigern und die Marktchancen zu erhöhen. Rund 160 Analysen haben unsere Experten bereits vorgenommen: ob bei Wärmedämmung, Mineralwasserflaschen, Kühlschränken, Gütertransport oder Müllverbrennung, diese Methode der BASF liefert praktische Lösungen für viele Probleme im Spannungsfeld zwischen Ökonomie und Ökologie. Dabei wurde sie in ständiger, auch wissenschaftlicher Auseinandersetzung und Kooperation mit Universitäten und externen Einrichtungen wie dem Wuppertal-Institut weiterentwickelt und ihr Knowhow auch für Analysen außerhalb der BASF zur Verfügung gestellt. So besteht seit 2001 im Rahmen des Global Compact eine erfolgreiche Partnerschaft mit den Vereinten Nationen, in deren Rahmen die BASF UN-Mitarbeiter im Einsatz der Ökoeffizienz-Analyse in Entwicklungsländern schult. Die erfolgreiche Anwendung der BASF-Methode durch ein Team aus Mitarbeitern der UNO und der BASF in Textilfärbereien in Marokko ist ein Beispiel, das 2002 von den Partnern gemeinsam auf dem Weltgipfel für Nachhaltige Entwicklung in Johannesburg präsentiert wurde.

Mit dem Pfund der Ökoeffizienz-Analyse wuchern wir dementsprechend auch in unserer politischen Arbeit. Wir wollen damit deutlich machen, dass die kurzfristige medien- oder wahltermingetriebene Aufregung um die „Umweltsünde des Monats" nichts Nachhaltiges zu einem effizienten Umweltschutz beiträgt. Eine ganzheitliche Betrachtung von Produkten und Verfahren und deren langfristige Ausrichtung an Nutzen und Nachfrage trägt nach unserer Überzeugung deutlich mehr zur Nachhaltigkeit bei als die Skandalisierung oder Bürokratisierung der Umweltpolitik. Diese Erfahrungen und Botschaften setzen wir zielgerichtet bei Multiplikatoren und Entscheidungsträgern auf allen politischen Ebenen ein. Denn als Unternehmen, das sich der Nachhaltigkeit verpflichtet hat, ist der praktische Schutz von Mensch und Umwelt eines unserer zentralen Anliegen. Dazu müssen Wirtschaft und Politik erfolgsorientiert zusammen arbeiten. Die Ökoeffizienz-Analyse ist ein gutes Beispiel dafür, wie man als Unternehmen Lösungen sowohl für marktgetriebene als auch für komplexe politische Herausforderungen entwickeln kann. Sie erhöht die Fähigkeit, unterschiedliche Interessen zu vernetzen und zu bearbeiten, und sie bietet konkrete Handlungsorientierung. Mit ihrer Hilfe können für die BASF, ihre Kunden und die Umwelt Synergien geschaffen und Zukunft gestaltet werden.

6. „... und der Zukunft zugewandt" – Forderungen an die Politik

Eine so vorausschauende Gestaltung und Bewertung von Entscheidungen verlangen wir auch von der Politik. Deutschland und Europa sind weder wirtschaftliche noch soziale oder ökologische Inseln. Ein eurozentrischer Umweltschutz, der wie beim Emissionshandel oder bei der Chemikalienpolitik den Wettbewerb mit anderen Weltregionen außer Acht lässt, schadet langfristig sogar der Umwelt: Indem er europäische Unternehmen benachteiligt, beschert er ökologisch schlechteren außereuropäischen Standorten unserer Konkurrenten einen zusätzlichen Wettbewerbsvorteil.

Jeder gesetzgeberische Alleingang verschlechtert die Position der europäischen Industrie im Vergleich zu ihren internationalen Wettbewerbern, gefährdet Europas Firmen und Arbeitsplätze und schadet so der Gesellschaft. Der Abbau überbordender Regeln und bessere Regulierung sind daher zentrale politische Forderungen. Die Politik muss unternehmerisches Handeln ermöglichen und nicht behindern, muss zukunftsträchtigen Entwicklungen Wege öffnen und sie nicht blockieren. Neue Gesetze und Verordnungen sind daher auf ihre möglichen Folgen für alle drei Dimensionen der Nachhaltigkeit zu analysieren.

Daher fordert die BASF im Einklang mit den Industrieverbänden Europas, jeder wirtschaftsrelevanten Entscheidung Folgeabschätzungen verbindlich vorzuschalten. Nur so können die sozialen und ökologischen Folgen von Regulierung mit ihrer Wirkung auf die Wettbewerbsfähigkeit der Industrie in Einklang gebracht werden. Auch die Umweltpolitik muss ökologisch effektiv und ökonomisch effizient sein sowie die gesellschaftlichen Ziele Beschäftigung und Wachstum gleichrangig berücksichtigen, damit die Millionen von Arbeitnehmern, die den heutigen hohen Standard im Umweltschutz erarbeitet haben, nicht durch den Verlust ihrer Arbeitsplätze den Preis dafür zahlen müssen.

Um Europa zur dynamischsten und wachstumsstärksten wissensbasierten Region der Welt zu entwickeln, muss die Politik in Berlin und Brüssel ihr Handeln auch wirklich auf dieses Ziel ausrichten. Die EU steht bei ihren Bürgerinnen und Bürgern im Wort, dieses Ziel endlich konsequent anzugehen, das die Staats- und Regierungschefs in Lissabon im Jahr 2000 vorgegeben haben. Da unsere Wirtschaft auf Innovationen aus Forschung und Entwicklung existenziell angewiesen ist, brauchen wir nicht nur mehr Geld dafür. Neue Technologien brauchen einen positiven Nährboden, damit sie wachsen und gedeihen können. Mindestens genau so wichtig wie die materielle und institutionelle Förderung ist es daher auch, die Früchte ernten zu wollen. Eine erfolgreiche Innovation ist schließlich nichts anderes als Erfolg am Markt. Die anhaltende Technologieskepsis in Europa und insbesondere in Deutschland ist eine katastrophale Innovations- und Wachstumsbremse. Nutznießer neuer Technologien sind deshalb oft die USA und Asien, in denen nicht nur hervorragend geforscht wird, sondern auch Forschungsergebnisse konsequent in Produkte und Dienstleistungen für die Märkte umgesetzt werden. In Deutschland rühmen wir zwar die Biotechnologie als Zukunftstechnologie, hindern sie aber durch verbotsnahe Regulierungen daran, ihr Potenzial zu entfalten.

Wer also die Zukunft gestalten will, muss ein gesellschaftliches Klima schaffen, das der Zukunft zugewandt ist, Innovationen belohnt und nicht behindert. Denn eine Wissensgesellschaft auf Technologieskepsis aufbauen zu wollen, ähnelt dem Versuch, einen Baum ohne Wurzeln zu züchten: Er entwickelt keine Stabilität, erhält keine Nährstoffe, trägt weder Blüten noch Früchte. Wir können und sollten nicht von der Politik verlangen, darüber zu entscheiden, welche Innovationen in Zukunft nötig und möglich sind. Der Staat ist nicht in der Lage, die vielfältigen Problemlagen allein aufzulösen und die notwendigen Weichenstellungen im Detail vorzugeben. Er benötigt die Mitarbeit aller gesellschaftlichen Gruppierungen, die im erfolgreichsten Suchprozess, den wir kennen – im Wettbewerb miteinander – ihre Erfahrungen und Kompetenzen in den politischen Prozess einspeisen. Aufgabe des Staates sollte sein, den Humus zu pflegen, auf dem Innovationen gedeihen können: durch Stetigkeit im politischen Handeln und durch Auslichtung des bürokratischen Gestrüpps. Kreativität, Optimismus, Selbstvertrauen und Leistungsbereitschaft bilden den Humus, auf dem Zukunft wächst.

Als offenes, dialog- und kooperationsbereites Unternehmen steht die BASF mitten in der Gesellschaft. Wir sehen uns in der Pflicht, unsere Kompetenzen in die nachhaltige Gestaltung unseres europäischen Gemeinwesens einzubringen – aus Verpflichtung gegenüber Europa und auch aus wohlverstandenem Eigeninteresse. Die Fähigkeit, unserer „Gemeinwohlpflichtigkeit" nachzukommen, wächst mit dem Ausmaß unserer „Gemeinwohlfähigkeit," also aus dem Erfolg unseres unternehmerischen Handelns. Produkte, Technologien und Dienstleistungen, Arbeits- und Ausbildungsplätze, Dividenden, Steuern, soziale und ökologische Leistungen entstammen unternehmerischem Erfolg. Wenn die Freiräume und Rahmenbedingungen stimmen, können wir durch Innovationen unsere wirtschaftliche, ökologische und soziale Zukunft mitgestalten. Zu Recht steht daher eine nachhaltige Entwicklung an der Spitze der Tagesordnung Europas. Um ein nachhaltiges Wachstum zu erzielen, das mehr und mehr vom Ressourcenverbrauch entkoppelt wird, ist eine innovative und leistungsfähige Chemie nötiger denn je. Daher setzen wir uns für eine wettbewerbsfähige chemische Industrie in Europa ein. Denn Chemie ist zwar nicht alles, aber ohne Chemie ist alles nichts.

Strategische Kommunikation in Organisationen
Das Beispiel der IG BCE

Michael Vassiliadis

Glaubt man neoliberalen Wirtschaftsvertretern und deren politischer, wissenschaftlicher und medialer Anhängerschar, so haben die Gewerkschaften längst ihre Existenzberechtigung verloren. Dieses Wunschdenken ist verständlich, denn es folgt nur einer Absicht: Die Gewerkschaften in die Bedeutungslosigkeit zu drängen. Stören sie doch ein System, deren einziges Ziel die ungehinderte globale Ausweitung des Kapitals ist.

Sie werden ihre Schlacht verlieren, denn sie haben „die Rechnung" ohne die Menschen gemacht. Auch in einer globalen Wirtschaft sind Produktion und Dienstleistung ohne Menschen nicht möglich. Neue Produktionsfaktoren wie Kreativität und Wissen sind hinzugekommen. Eine menschliche Gesellschaft – national wie global – kann nur dann funktionieren, wenn sie einem geordneten Markt gehorcht; auch global sind Regeln einzuhalten. Aufgabe moderner Gewerkschaftsorganisationen wird sein, die unausweichliche Globalisierung menschlich zu gestalten.

Beruhten Institutionen wie Mitbestimmung und Tarifautonomie auf einem vergleichsweise hohen Grad an Standardisierung, müssen sich die Gewerkschaften auf neue kommunikationspolitische Aufgaben einstellen.

Die sehr erfolgreiche Regulierung von Arbeit und Einkommen erfolgte in weiten Teilen durch Erfahrungswissen aus institutionellen Gefügen wie Tarifpolitik, Betriebsverfassung oder Sozialstaat. Aber auch durch Routine, Betriebsversammlungen oder Demonstrationen und durch eine Kommunikationspolitik, die im Wesentlichen auf Einflussnahme starker Persönlichkeiten beruhte, denn auf einem strategisch ausgerichteten Apparat. Die erfolgreiche Mobilisierung der Mitglieder, die Fähigkeit die Politik und den Protest zu organisieren und so Interessenunterschiede und -konflikte bewältigen und regulieren zu können, stellte weder an den institutionellen Rahmen noch an kommunikative Bedarfe besondere Anforderungen.

Die institutionell gestützten Werte waren in der Alltagspraxis mit geringem Erklärungsaufwand unmittelbar erfahrbar und haben mit klarer Zielrichtung und Aufgabenstellung die Mitgliederbindung erheblich erleichtert und zur Stabilisierung gewerkschaftlicher Handlungsräume und Milieus beigetragen. Wir konnten in der Vergangenheit davon ausgehen, dass Gewerkschaften in der Gesellschaft einen besonderen Stellenwert hatten, der von den Befürwortern wie von den Kritikern der gewerkschaftlichen Idee in den traditionellen Erfolgsallianzen aus

Arbeitgebern, Gewerkschaften, Regierungen und Wissenschaft gleichsam akzeptiert wurde.

Heute werden von Konservativen bewährte und in der Sache von den Beteiligten auch selten kritisierte Strukturen in die ideologische Auseinandersetzung aufgenommen. Dazu gehört die Diskussion um die Novellierung der Unternehmens- und betrieblichen Mitbestimmung sowie der tariflichen Normenhierarchie in der Balance zwischen Flächentarifverträgen und betrieblicher Ausgestaltung. Die Folgen eines leichtfertigen Herumexperimentierens an diesen Grundpfeilern der sozialen Marktwirtschaft werden kaum gehört und die Verbilderung der darin angeblich schlummernden Chancen für Wachstum und Beschäftigung sind mystisch und in jedem Fall ideologisch.

Aber sie scheinen auf dem Boden der Verunsicherung und der Suche nach Lösungen für die wirtschaftlichen und gesellschaftlichen Probleme durchaus Akzeptanz zu finden. In einer vor einigen Jahren noch unvorstellbaren Art und Weise ist es heute möglich, die Gewerkschaften zu diffamieren und gegen sie in der politischen Auseinandersetzung unwidersprochen zu polemisieren. Ganz offen können dabei die Ziele dieser politischen Initiativen benannt werden, ohne dass es Empörung auslöst oder die Frage nach den dahinterliegenden Zielen gestellt würde. Nicht Beschäftigungssicherung, Sicherung der Wettbewerbsfähigkeit, wie gerne vorgeschoben, sondern die Eliminierung unbequemer Machtstrukturen in einer komplexen wirtschaftlichen Gesellschaft sind dabei das Ziel.

Kommunikation strategisch ausrichten

In einer veränderten politischen Kultur und einer Medienwelt, die nicht nach Auswirkungen, Folgen und zu erwartenden Konflikten fragt, werden die Gewerkschaften von konservativ-liberalen Kräften zu Blockierern gestempelt und Tarifautonomie und Mitbestimmung zum x-ten mal attackiert, um schlichtem Marktradikalismus den Boden zu bereiten. Die mediale Kommunikationsgesellschaft bietet den dauerhaften Angriffen der Konservativen auf Tarifautonomie, Mitbestimmung und Betriebsverfassung eine breite öffentliche Plattform.

Wir müssen erkennen, dass in einem nennenswerten Teil der Gesellschaft weder exakte Kenntnis noch eine „geborene Akzeptanz" von gewerkschaftlicher Arbeit vorhanden ist. Kurz: Früher konnte man annehmen, dass jeder wusste, was Gewerkschaften sind und was sie wollen – und man konnte die Beschäftigten mit den Leistungen und Erfolgen der Gewerkschaft zur Mitgliedschaft bewegen. Heute müssen wir unsere Ziele, unsere Identität und unsere politischen Programme viel stärker „vermarkten". Institutionen und Organisationen sehen sich mit einem Zwang zur öffentlichen Darstellung konfrontiert und zu strategischer

Kommunikation gezwungen. Wir müssen nicht nur sagen, was wir machen, wir müssen vielmehr sagen, wer wir sind und wofür wir stehen.

Wir müssen den Wandel von Institutionen in Ziel und Funktionsweise erläutern. Beispiel Tarifpolitik: In der breiten Öffentlichkeit wird von konservativ-liberalen Kräften ein ideologisch motiviertes Bild gezeichnet, das die Realitäten völlig auf den Kopf stellt und nicht zur Kenntnis nehmen will, dass die gewerkschaftliche Tarifpolitik in den letzten Jahren überwiegend eine Tarifpolitik mit neuen Schwerpunkten ist. Flexibilisierung und Differenzierung, Beschäftigungssicherung, Ausbildungsplatzerhöhung und Investitionsförderung sind Stichworte der neuen Verantwortungsübernahme der Tarifparteien. Die Praxis ist viel weiter, als es in der Öffentlichkeit bisher zur Kenntnis genommen wurde. Die sozialplanähnliche Beschäftigungssicherung entwickelt sich mehr und mehr in Richtung Teilhabe am Unternehmenserfolg auf der Grundlage flexibler Tarifverträge und mit hoher Bindekraft.

Die moderne Tarifpolitik ist heute ein integrierter Bestandteil eines ausdifferenzierten, funktionsfähigen und bewährten Systems sozial- und gesellschaftspolitischer Regulierung. Es ist gerade der Flächentarifvertrag, der in der Krise für Halt sorgt. Betriebliche Regelungen sind längst als Element personalpolitischer Strategie etabliert – nicht gegen den Flächentarifvertrag, sondern auf seiner Basis.

Hervorragende Beispiele für erfolgreiche gewerkschaftliche Arbeit lassen sich unendlich viele finden. Ihnen allen ist oftmals gemein, dass sie in der Öffentlichkeit nicht hinreichend wahrgenommen und damit Erfolge den Gewerkschaften nicht zugerechnet werden.

Gewerkschaften bewegen sich zwischen Kontinuität und Beschleunigung, zwischen Verfestigung und Flexibilität, zwischen Tradition und Innovation, zwischen Vielfalt und Akzentuierung. In diesen Spannungsfeldern gilt es langfristige Erfolge zu realisieren, weil die Probleme hartnäckig bleiben und/oder wachsen. Wir sind zu Kommunikationsformen gezwungen, die strategisch werden müssen und die die Tiefe institutioneller und organisatorischer Modernisierung ebenso zum Gegenstand haben wie die Definition strategischer Politikfelder oder die komplementäre Erweiterung klassischer kommunikationspolitischer Erfolgsfaktoren.

Diesen überproportionalen Erklärungsaufwand gilt es strategisch kommunikativ zu bewältigen und Wechselwirkungen und Wirkungszusammenhängen herzustellen. In der Modernisierung von Arbeit, sozialer Sicherheit und Bildung ist strategische Kommunikation integraler Bestandteil dieses Prozesses, der die regulative Kraft von Tarifpolitik, Mitbestimmung und Sozialstaat durch notwendige Modernisierung erhält.

Auch die individualisierten komplexeren Milieus von Arbeitnehmern stellen kommunikationspolitische Herausforderungen: Ziele und Werte müssen erläutert und nutzbringendes Wissen produziert, aggregiert und vermittelt werden, das mit dem eigenen Standpunkt gegebene Alternativen präsentiert und damit belastbare Orientierung gibt und Vertrauen schafft.

Gewerkschaftliche Kommunikation setzt oftmals dort ein, wo die Belastungen für Arbeitnehmerinnen und Arbeitnehmer am größten sind und erfolgversprechende Maßnahmen, Initiativen und Lösungen deshalb am meisten Wirkung zeigen. Nachhaltige Lösungen brauchen nachhaltig agierende Gewerkschaften.

Die „Marke IG BCE"

Die Rahmenbedingungen für gewerkschaftliche Arbeit und damit auch die Akzeptanz nach innen und nach außen haben sich verändert. Wir sehen deutliche gesellschaftliche und politische Entwicklungen, die es notwendig machen, die „Marke" Gewerkschaft stärker in der Öffentlichkeit zu platzieren. Jede Organisation und jedes Unternehmen braucht Werbung, um auf seine Leistungen aufmerksam zu machen; selbstverständlich auch für die Mitgliederwerbung, die für unsere Gewerkschaft genau so wichtig ist wie in der Vergangenheit.

Es gibt aber bislang keine wirklich überzeugenden Marketing-Konzepte für Non-Profit-Organisationen wie es Gewerkschaften sind. Wir sind deshalb auf dem Weg, ein Marketing-Konzept für unsere Gewerkschaft zu entwickeln, mit dem wir auf die veränderten Rahmenbedingungen gewerkschaftlicher Arbeit reagieren. Unternehmen würden es eine „Veränderung des Marktumfeldes" nennen.

In vielen Punkten können wir durchaus von den Unternehmen und den Märkten lernen, aber es gibt eben auch viele Besonderheiten von Gewerkschaften, so dass sich der Marketing-Ansatz der IG BCE von den Konzepten der Unternehmen zwangsläufig unterscheiden muss.

Gewerkschaften haben keinen klassischen Markt, vor allem streben sie nicht nach Gewinn und Rationalität, auch wenn Gewerkschaften in vielen Bereichen tätig sind, zum Beispiel in vielen Dienstleistungen, die mit kommerziellen Angeboten vergleichbar sind, sind sie keine kommerziellen Unternehmen und wollen es auch nicht werden. Insofern kann die klassische Marketing-Lehre keine umfassenden Antworten bieten.

Der Ansatz der Überlegungen ist, in der Kommunikation mit unseren Mitgliedern und potentiellen Mitgliedern nicht nur ein Paket unserer Leistungen und Angebote zu kommunizieren, sondern die Gewerkschaft als politische Organisation darzustellen. Die IG BCE repräsentiert einen Zusammenschluss von Arbeitnehmerinnen und Arbeitnehmern, die für politische Ziele stehen.

Wir sind eine Wertegemeinschaft. Die IG BCE ist eben keine juristische Person, in deren Namen Anteilseigner Kapital anlegen und eindeutige finanzielle Interessen verfolgen. Und das ist neben unseren Leistungen unserer tagtäglichen Arbeit etwas, das uns in unserem „Markt" zu etwas Besonderem macht, zu einer Marke!

Es gibt eine Menge Anwälte, Berater und Interessensverbände, die für Geld arbeiten. Aber nur Gewerkschaften sind im umfassenden Sinne demokratische politische Organisationen für die Arbeitnehmerinnen und Arbeitnehmer.

Die Konsumenten hinterfragen zunehmend nicht nur die Qualität der Produkte am Markt, sondern auch, unter welchen Bedingungen sie produziert werden. Zum Beispiel, ob sich Unternehmen sozialen und ökologischen Fragen stellen. Dort setzt die Strategie der IG BCE an, den kritischen Menschen anzusprechen, denn wir haben mehr zu bieten als kommerzielle Unternehmen.

Unser Ziel ist es nicht, Geld zu verdienen. Unser Wirken – vor allen Dingen in modernen Volkswirtschaften – dient dem Ausgleich der Interessen der Wirtschaft und der Gesellschaft und damit steht der Mensch für uns im Mittelpunkt. Gerade in Zeiten des Umbruchs erwarten die Menschen Ausgleich, Gerechtigkeit und auch Langfristigkeit notwendiger Reformen und Veränderungen. Und hier haben wir eine Menge zu bieten und zu sagen.

Unsere Mitglieder und das steigende Potential gewerkschaftlich nicht interessierter Beschäftigter leben und arbeiten in einem Umfeld, das geprägt ist von rasanten wirtschaftlichen, politischen und gesellschaftlichen Veränderungen. Mit zunehmendem Druck steigen die Belastungen und individuellen Herausforderungen für den Einzelnen. Flexibilisierung, Aufspaltung, Leistungsverdichtung und Veränderungen von Arbeitsorganisation und Qualifikation der Beschäftigten begründen neue Gestaltungsaufträge und Themen für die Arbeit der Interessenvertretung.

Gewerkschaftliches Handeln stützt sich auf reale Prozesse. Grundlage ist dabei ein funktionierendes System gewerkschaftlicher Leistungserstellung, um Angebote für Mitglieder zu entwickeln und zu verwirklichen. Ein wesentlicher Erfolgsfaktor ist die optimale Konfiguration zwischen den Leistungssystemen gewerkschaftlichen Handelns und der Befriedigung von Mitgliederbedürfnissen. Die Kompetenz, Leistungen zu definieren und auf spezifische Mitgliederinteressen auszurichten, bedingt ein hohes Maß an Kooperationsfähigkeit, um eigene und externe Kompetenzen zu verknüpfen. Die hierfür erforderliche Kommunikationsfähigkeit dient zur Steigerung des internen Know-hows für gewerkschaftliches Handeln, zur aktiven Unterstützung der Mitglieder, Betriebsräte und

Vertrauensleute sowie zur politischen Arbeit auf europäischer Ebene oder in Bund und Ländern oder auf kommunaler Ebene.

Nur, wir müssen dabei auch wahrgenommen werden. Da ist viel zu tun, denn wir können nicht mehr automatisch davon ausgehen, dass die Menschen unsere Positionen kennen, unser Wirken wahrnehmen und unsere Erfolge aufnehmen.

Die Gewerkschaften haben heute in der Wirtschaft und Gesellschaft im Kern zwei Rollen: Zum einen sind wir die Vertreter unserer Mitglieder, der Beschäftigten insgesamt und derer, die in Beschäftigung wollen. Wir gewähren ihnen Schutz und Service, sind Interessenvertretung und Gestaltungsmacht im wirtschaftlichen und politischen Raum.

Zum anderen sind wir eine Organisation, die Verantwortung für die gesamte Gesellschaft und für dieses Land übernimmt und somit auch die eigenen Interessen in Balance zum Gemeinwohl hält. Das unterscheidet uns von klassischer Lobbyarbeit, die häufig ohne Blick auf das Ganze praktiziert wird.

Wir haben viel zu sagen über das, was wir wollen und was wir tun. Das ist nicht das Problem. Doch wir stehen in unmittelbarer Konkurrenz zu vielen anderen Informationslieferanten und die Menschen unterliegen vielfältigen Medienreizen.

Positiv ist – und das wird uns auch von außen immer wieder bestätigt –, dass die IG BCE einen „guten Job" macht. Und wir heben uns aus dem Chor der Einzelgewerkschaften im DGB mit einem klaren Profil hervor, ohne in Konkurrenz zu treten. Dieses Profil muss aber in der Kommunikation, in der Verständlichkeit und der Detailausrichtung unseren Zielgruppen besser vermittelt werden.

Beispiel Vertrauensleute und Ortsgruppen: Die Identität zur IG BCE über den Kreis der Mitglieder hinaus ist ein wesentliches Merkmal von erfolgreicher Ortsgruppenarbeit. In Regionen mit aktiven Ortsgruppen werden durch die IG BCE die Mitglieder umfassend informiert und intensiv betreut, in ihrem Wohn- und Lebensumfeld angesprochen und das gesellschaftliche Leben eng mit dem gewerkschaftlichen Leben verzahnt. Vor allem nichtbetriebstätigen Mitgliedern bietet die Ortsgruppenarbeit ein breites Handlungsfeld und vielfältige Möglichkeiten, sich zu beteiligen, mitzugestalten und mitzuwirken. Intensiver Einfluss auf die Kommunal- und Industriepolitik vor Ort, die organisationspolitische Erschließung gewerkschaftlich unorganisierter Betriebe und attraktive und mitgliedernahe Bildungsarbeit kennzeichnen darüber hinaus die Handlungsmöglichkeiten und Stärken der IG BCE-Ortsgruppen.

Attraktive inhaltliche Angebote und zeitgemäße Arbeitsformen sind dabei ebenso weiter zu entwickeln, wie eine auf Dialog und Netzwerke aufgebaute Informations- und Kommunikationsarbeit. Ehrenamtliche gewerkschaftliche Repräsentanz, qualifizierte Beratung und zielgerichtete Informationen sind dabei ein wichtiges Element der Mitgliederbindung und -gewinnung. Zeitgemäß agierende IG BCE-Bezirke gewährleisten eine regionale politische Identität und Gestaltungsfunktion sowie eine übergreifende inhaltliche Kommunikation der IG BCE und stellen den Mitgliedern professionelle und zielgruppenspezifische Service- und Dienstleistungen mit hoher Qualität zur Verfügung.

Der ständige Dialog mit den Mitgliedern und Beschäftigten über ihre Erwartungen und Anforderungen an eine zukunftsfähige, leistungsstarke Gewerkschaft ist die Voraussetzung zielgerichteter Arbeit. Die Ansprache und Information der Beschäftigten sowie die Kommunikation mit ihnen muss an ihren Problemen und Bedürfnissen ausgerichtet sein. Zielgruppengerechte gewerkschaftliche Betriebsarbeit erfordert Systematik und professionelle Organisation, um neue Mitgliederpotentiale organisationspolitisch zu erschließen und eine nachhaltige Gestaltung aktueller betrieblicher Themen inhaltlich wie organisatorisch zu gewährleisten.

Die Menschen müssen stolz auf ihre „Marke IG BCE" sein

Es gibt auf die Themen unserer Zeit keine einfachen Antworten. Das macht Marketing schwieriger, aber nicht unmöglich. Da Gewerkschaften als Organisationen nicht auf Selbstvermarktung und auf den Wettbewerb orientiert sind, müssen wir lernen, die Kommunizierbarkeit unserer Arbeit, die Andockpunkte an die Interessenslagen unserer Zielgruppen und auch die organisatorische und strukturelle Verankerung der Selbstvermarktung in unserer Organisation klarer zu platzieren. Mitgliederwerbung ist heute eine wichtige Aufgabe in unserer Organisation; Marketing soll eine Funktion der Organisation werden.

Unter ganz praktischen Gesichtspunkten funktionieren Gewerkschaften vom Grundsatz her noch wie zu ihrer Gründungszeit. Notlagen, Notfälle und Notwendigkeiten bestimmen einen Großteil des Tagesgeschäftes. Kompromisse – die Umsetzungsform für politische Ergebnisse – bedürfen im besonderen Maße kommunikativer Aufarbeitung und Vermarktung.

Haben in der Vergangenheit die Mund-zu-Mund-Interpretation und Erläuterungen ausgereicht, um eben auch komplexe Themen in der Mitgliedschaft und in der Belegschaft zu erläutern und akzeptiert zu werden, reicht dies eben heute nicht mehr. Wenn aus Wirtschaft und Politik zusätzlich kritische Positionierungen zu Gewerkschaften und ihren Zielen hinzukommen, bewegen sich Gewerkschaften in einem schwierigen Umfeld. Insofern müssen wir in unserer tagtäglichen Arbeit die „Vermarktung" unserer Organisation, unser Handeln und Wirken, unseren Ressourceneinsatz und auch die Entscheidungen, ob das eine oder andere Thema aufgegriffen werden soll oder nicht, daraufhin überprüfen, ob und wie wir einen möglichst großen Kreis von Mitgliedern und Beschäftigten gezielt und effektiv erreichen können.

Erfolge, die niemand kennt oder niemand als solche erkennt, bleiben zwar Erfolge gewerkschaftlicher Arbeit, aber wirkungslos für die Bindung an die Gewerkschaften. Es geht daher um die Zielausrichtung, Systematisierung, strukturelle Verankerung und das Setzen von Prioritäten gewerkschaftlicher Arbeit und Kommunikation.

Bewusste Kommunikation, effektvolle und effektive Vermarktung als Bestandteil des gewerkschaftlichen Alltagsgeschäftes, allein reichen nicht für den Erfolg. Neben den präzisen Zielsetzungen, den strukturellen Elementen und der Ausrichtung der Organisation auf strategische Kommunikation geht es selbstverständlich auch um die Verkörperung der Identität der Werte der Organisation. Die Organisation muss diese Identität leben. Die Menschen müssen fühlen können, wer wir sind. Sie müssen sich wohl fühlen bei uns. Sie müssen stolz auf ihre „Marke IG BCE" sein.

Die IG BCE hat als Gewerkschaft eine besondere Identität. Neue Maßnahmen bauen auf früheren Aktivitäten auf und verstärken und erweitern sie. Verlässlichkeit, Kontinuität, Sorgfalt und Vertrauen sind wesentliche Kernelemente der „Marke IG BCE". Denn kreative Lösungen sind dann tragfähig, wenn sie hilfreiche Optionen eröffnen und gute Botschaften in der Kommunikation über längere Zeit nach innen und außen umsetzen, erweitern und erneuern. Strategische Kommunikation ist kein loses Bündel von Maßnahmen, sondern eine Haltung, getragen von unserem gewerkschaftlichen Wertekanon. Aber wir müssen ständig hinterfragen, ob wir damit sichtbar sind und ob wir damit zeitgemäß sind.

Dabei gilt es auch zu analysieren, wie bisher erfolgreich vorgegangen wurde, um auch daraus zu lernen und die richtigen Schlüsse zu ziehen, aufgebaute Ressourcen nicht zu gefährden und nicht in spezifische Strategiefallen in Planung, Organisation und Information zu gelangen. Jede Neuerung braucht auch ein stabiles Fundament. Deshalb ist es ebenso wichtig, Erfolgreiches zu bewahren und zu bestärken.

Die IG BCE ist eine moderne, zukunftsorientierte Gewerkschaft, die Zukunftsbranchen repräsentiert und junge Menschen für die gewerkschaftliche Arbeit begeistern kann. Das zeigen die Mitgliedszahlen im Jugendbereich, die sehr positiv sind.

Zugleich sind wir eine sehr stolze, traditionsreiche Organisation, die die Arbeit und Erfolge der Vergangenheit in Erinnerung hält. Das macht unsere Identität aus und ist zugleich ein Spannungsfeld, das in unserem Erscheinungsbild deutlich wird. Deswegen haben wir Projekte und Prozesse in Gang gesetzt, um Eindeutigkeit in unserem Erscheinungsbild zu erreichen. Wir haben zum Beispiel ein neues „Corporate Design" entwickelt, um den Wiedererkennungswert unserer Organisation zu steigern.

Das soll keine Gleichmacherei in einer vielfältigen Organisation sein, sondern Eindeutigkeit in einer vielfältigen Medienwelt. Trotz differenzierter Zielgruppen und regionaler Besonderheiten gilt es, durch klare Wiedererkennungsmerkmale unverwechselbar zu sein. Gewerkschaftliches Marketing muss ganzheitlich im Ansatz und kreativ im Detail sein.

Der Vorteil, Mitglied einer Organisation wie der Gewerkschaft zu sein, besteht auch im Mehrnutzen des Mitglieds im Prozess der Zusammenarbeit und im Bezug auf die Leistungen ihrer Gewerkschaft. Ergänzend dazu, dass Gewerkschaften Wertegemeinschaften sind. Die „Marke IG BCE" schafft Vorteile, indem sie ihren Mitgliedern mehr Emotion, mehr Beziehungen, mehr Erklärungen, mehr Solidarität, mehr Entlastung, mehr Sicherheit, mehr Leistung, mehr Qualität, mehr Innovation, mehr Wirtschaftlichkeit und mehr Gerechtigkeit bietet.

Es ist ein Beispiel, aber es reicht bei Weitem nicht aus. Wir werden darüber hinaus unsere Beschäftigten und Funktionäre laufend qualifizieren, um unter den Anforderungen einer modernen Mediengesellschaft mitwirken zu können. Wir haben Instrumente zur schnellen Abfrage von Mitgliedermeinungen und -interessen entwickelt. Wir wollen damit die Einschätzung gewerkschaftlicher Arbeit vor Ort ermöglichen und Kritik in der Mitgliedschaft durch gezielte Kommunikation begegnen. Wir wollen unseren Service- und Dienstleistungsbereich ausbauen, da dieser zu einer modernen und professionellen Organisation unbedingt dazugehört. Wir wollen die Verwaltung und den organisatorischen Aufbau der Organisation so gestalten, dass er den Anforderungen der Mitglieder, die Monat für Monat ihre Beiträge entrichten, entspricht.

Zur Transparenz gewerkschaftlichen Handelns gehört die Erfassung und Darstellung der gesamten Leistungen. Der Schlüssel zum Erfolg sind Glaubwürdigkeit und Vertrauen, die sich im Rahmen der eigenen Infrastruktur auf ein hohes Maß an Professionalität stützen. Die optimale Infrastruktur lässt sich nur gezielt und längerfristig entwickeln. Dabei sind meist nicht die Systeme und Strukturen ein Engpass, sondern ihre Nutzung. Die internen Lernprozesse der Beteiligten und ihr konkretes Verhalten prägen die Marke, denn Basis für herausragende Leistungen ist letztlich unsere eigene Kultur. Das Gesamtbild verdichtet die Haltung zu einem relativ stabilen und integrierten Gesamturteil und ist das Ergebnis von intensiver und langfristiger Aufbauarbeit, die Orientierung und Vertrauen schafft sowie die Einzigartigkeit und Eindeutigkeit in einem Umfeld von Dynamik und Multioptionen.

Dies bedeutet keine ökonomische Ausrichtung. Unabdingbar für uns als Gewerkschaften bleibt – bei allen auf Marketingprinzipien und Service ausgerichteten Strategien – wir werden unsere politische Arbeit eben nicht dem ökonomischen Prinzip unterordnen! Denn auch dies gehört zu einer Gewerkschaft – Raum zu haben für Diskussionen, Ideen entwickeln zu können und Dinge zu denken und zu tun, die in einem Unternehmen kein Interesse fänden, da es vielleicht zurzeit keinen Markt dafür gibt. Das ist unsere Stärke und unsere Chance.

In einer Zeit abnehmender Gewissheiten ist zunehmend Orientierung gefragt. Kontinuität erfordert Sorgfalt, Akzentsetzung und Orientierung an der begrenzten Veränderungsfähigkeit der internen und externen Beteiligten.

Wir wollen mit Optimierungsprojekten finanzielle und personelle Ressourcen frei machen, um verstärkter das zu tun und darüber zu kommunizieren, was Gewerkschaften ausmacht: Die Freiheit politische Ziele und Programme zu entwickeln für unseren Markt, für die arbeitenden Menschen und diejenigen, die gerne arbeiten wollen.

Im umfassenden Sinne gibt es für die IG BCE zum Thema Marketing kein Vorbild. Wir sind auch in diesem Themenfeld „Entwickler". Sicher gibt es in einzelnen Elementen sowohl im deutschen und europäischen Gewerkschaftsbereich als auch bei anderen Non-Profit-Organisationen gute Ansätze. Es ist interessant, diese Dinge zu beobachten und auszuwerten. Fast schon amüsant ist: Es gibt einige Organisationen, die ohne spezifisches Leistungsangebot vor allem sich selbst und ihre Werte vermarkten. Einige von diesen sind durchaus erfolgreich! Viele Bürgerinitiativen und Non-Profit-Organisationen leben davon und genießen erstaunliche Aufmerksamkeit.

Gewerkschaften trennt vieles von diesen Initiativen. Sie sind daher nicht vergleichbar. Aber einige der Erfolgsparameter sollten wir uns durchaus anschauen. Die Kampagnefähigkeit in den neuen Medien zum Beispiel – da haben uns andere einiges voraus. Ich bin der Auffassung, wir sind nicht in der Situation zu glauben, dass wir alles können und auf alles eigene Antworten haben. Wir wissen aber auf der anderen Seite, was wir können und was wir an Stärken mitbringen.

Sich bei der Entwicklung des Marketing-Konzepts beraten zu lassen ist professionell.

In solchen komplexen Themen braucht man Spezialisten – aber eben als Berater. Der Profi für gewerkschaftliche Identität, gewerkschaftliche Arbeit und gewerkschaftliche Zielgruppen ist die Organisation selber – und das kann niemand anders.

Wir werden in den nächsten Monaten die verschiedenen Segmente unseres Marketing-Konzeptes weiterentwickeln und vor Ort erproben, zum Beispiel unsere EDV-Werkzeuge zur Mitgliederbefragung, unser neues „Corporate Design" usw. In der Organisation finden derzeit umfassende Potentialanalysen statt, die uns Wissen und Systematisierung hinsichtlich der potentiellen Mitgliedschaft in unseren Branchen bringen werden. Und dann wollen wir zusammenbringen, was zusammen gehört, nämlich Marketing, Identitätstransfer, Werbung und konkrete Ansprache der Menschen im Arbeits- und Lebensumfeld durch unsere 40.000 Repräsentanten und Funktionsträger, d.h. unsere Betriebsräte und Vertrauensleute in den Betrieben und unsere Kolleginnen und Kollegen in den Ortsgruppen, die Verantwortung tragen und für ihre Gewerkschaft eintreten.

Dies sind die Persönlichkeiten, die unsere Gewerkschaft verkörpern und dies sind die Gesichter, die die Menschen vor Ort kennen. Dort – vor Ort – gehört die Ansprache unserer Zielgruppen hin, dort kennen sich die Menschen, dort haben sie Vertrauen.

Wir wollen um diesen Vertrauensbonus eine Konzeption setzen, die sowohl inhaltlich als auch emotional gewerkschaftliche Arbeit unter heutigen Bedingungen kommuniziert. Die Konzeption ist eingebettet in unseren Prozess „Stark genug für neue Wege", der für die Modernisierung und Positionierung der Arbeit der IG BCE in der Zukunft steht. Auch unsere Kampagne „Modell Deutschland – zuerst der Mensch" zeigt auf, dass das Marketing-Verständnis der IG BCE keine Sache der formal für Werbung Zuständigen in der IG BCE, sondern eine Gesamtaufgabe unserer Gewerkschaft ist. Nur so funktioniert der Identitätstransfer über das Marketing.

Ich bin sehr zuversichtlich, dass es uns gelingen wird, die hervorragende Arbeit unserer Organisation, unsere Ziele, unsere besondere Identität in viel stärkerem Maße als heute bekannt zu machen. Wir werden die IG BCE zu einer Marke machen und wir werden diese Marke zum Erfolg führen und wieder mehr Menschen für die gewerkschaftliche Sache faszinieren.

IG BCE als Marke bedeutet: Unsere Organisation, ihre Ziele und ihre gewerkschaftliche Arbeit wird geschätzt, unsere Mitglieder sind stolz darauf und sie wollen mit ihrer „Marke IG BCE" in Verbindung gebracht werden. Das ist unser Ziel.

Strategische Kommunikation in der Kommunikationsgesellschaft

Hermann Schwengel / Klaus-W. West

Dass politische Akteure ihr kommunikatives Umfeld verstehen müssen, dass sie ihre Initiativen sorgfältig in diesem Umfeld platzieren können müssen und dass ihr Handeln auf überraschende Situationen eingestellt sein muss – all dies ist für die politische Praxis selbstverständlich geworden, wie konsequent und erfolgreich diese Kausalitäten auch immer Berücksichtigung finden mögen. Der Markt für Beratung auf diesem Felde nimmt zu, die Konkurrenz der Deutungsagenturen wächst ebenso wie neue *power structure research* neuer politischer Herausforderer. Damit ist die alltägliche Wahrnehmung und Selbstbeobachtung der Individuen, Gruppen und Klassen nicht außer Kraft gesetzt. Nach wie vor sind Wohlstand, Sicherheit und Zukunft Gegenstände extensiver und intensiver Bewertungen, zögern Individuen bei Kauf, Wahl und Engagement oder beginnen an Investition, Wachstum und Zukunft zu glauben. Zwischen die kommunikationspolitische Taktik, auf deren Raffinesse Organisationen nicht verzichten können, und die spontane Wahrnehmung und Selbstbeobachtung des Sozialen der Bürgerinnen und Bürger, hat sich aber in den letzten Krisenjahren ein Typus strategischer Kommunikation geschoben, der für die Zukunft des Politischen vielleicht ausschlaggebend sein wird. Aber nicht jede Art von strategischer Kommunikation! Strategische Kommunikation muss historische Zeit gliedern können und in der Lage sein, sie mit gegenwartsbezogenem Entscheidungshandeln zu verknüpfen. Dazu muss sie sowohl in die Selbstbeobachtungs- und Organisationsfähigkeit gesellschaftlicher Akteure wie Parteien, Gewerkschaften und Verbänden eingreifen wie Orientierung anbieten und kommunizieren können. An jedem Interventionsfeld – von der Berufsbildungsabgabe bis zur Mitbestimmung – muss zwischen Entscheidung und Orientierung ein belastbares kommunikatives Band geschaffen werden. Zu berücksichtigen ist ferner, dass das Mediensystem eine kulturelle Leitfunktion übernommen hat. Strategische Kommunikation ist knapp und teuer, hat aber auch eine historische Chance: Strategische Kommunikation kann in eine Machtlücke stoßen, die Resultat gelockerter sozialstruktureller Milieus und Wahrnehmungsmuster ist und die durch reine kommunikationspolitische Angebote nicht wieder geschlossen werden kann. Mit strategischer Kommunikation gewinnt ideenpolitisches konzeptuelles Denken an spezifischem Gewicht, weil weder Tatsachen noch Ideologien die Dinge regeln können.

Mehr als andere leidet die deutsche Reformdebatte unter der Schwäche an strategischer Kommunikation. Reformen wurden durch die deutsche und europäische Vereinigung verzögert, deshalb wird ihr Alternativenreichtum nicht ausreichend erkannt. Während die einen den vitalen Aufbauwillen einer Nachkriegsgesellschaft wiedererwecken wollen, ordnungspolitisch aber nur den Wirtschaftsliberalismus der frühen 80er Jahre anzubieten haben, glauben die anderen weiterhin an die Verfeinerung des rheinischen Kapitalismus. Als ob sich die globalen Spielregeln nicht tatsächlich geändert hätten! Solche perspektivischen Verengungen rufen strategische Kommunikation auf den Plan. Sie muss für Politik und Gesellschaft das Spektrum an Alternativen öffnen, Lernkorridore definieren, auf denen Lösungen miteinander konkurrieren können und helfen gesellschaftliche Mehrheiten zu bilden, die sich als aktive Akteure im globalen Wettbewerb begreifen. Dass es nur einen Weg aus der Krise gäbe und nur eine Generation Reform, dass es im Kern nur um einen Konflikt zwischen Traditionalisten und Reformern gehe: dies alles sind Bestandsaufnahmen, von denen kein Weg in die Zukunft führt.

Bindung von Akteuren

Der tiefgreifende Wandel, der mit den Wortbildern von Globalisierung und Individualisierung überschrieben worden ist, verlangt die Bindung von Akteuren und Akteurskonstellationen, die der reife, organisierte industrielle Kapitalismus noch nicht benötigte. Zwar hat der rheinische Kapitalismus tatsächlich eine Reihe von verantwortlichen politischen Akteuren hervorgebracht, die mit Lust von ihrer Verantwortung sprechen – das hat Bundespräsident Rau in seiner letzten Berliner Rede hervorgehoben – aber diese Akteure sind in ihrer Selbst- und Fremdbeobachtung noch nicht auf die Welt von Globalisierung und Individualisierung eingestellt. Wichtige Teile der politischen Klasse – die besitzbürgerlichen Konservativen und die Verweigerungslinke – glauben noch immer, die Probleme zu ihren Gunsten an sich vorüberziehen lassen zu können. Eine Gestaltungslinke, die die Mehrheit der Gesellschaft politisch zu repräsentieren in der Lage wäre, hat sich nach 1998 nicht gebildet und wächst erst langsam heran. Die Konturen einer zur strategischen Kommunikation fähigen Rechten sind ebenfalls noch nicht zu sehen und leiden vor allem an der Schwäche eines komplementären politischen Liberalismus. Strategische Kommunikation vermittelt nicht in erster Linie zwischen Akteuren, die schon da sind, sondern schafft bei der Entwicklung von Themen in gewisser Weise erst die Akteure, die die Entscheidungen am Ende zu tragen haben. Die Beobachtung, dass sich die rivalisierenden Eliten im Kampf um die Macht sich der Themen bedienten, ist deshalb ebenso irreführend wie die entgegengesetzte Annahme, dass sich die Sachthemen unter dem Druck der Verhältnisse schon ihre Mehrheiten suchten.

Interessant sind die Erfahrungen im „Bündnis für Arbeit, Ausbildung und Wettbewerbsfähigkeit". Nach dem Scheitern des ersten Anlaufs Mitte der 90er Jahre schien es 1998 einen breiten Modernisierungskonsens zu geben, der die relevanten strategischen Akteure für eine grundlegende Modernisierung von Wirtschaft und Gesellschaft zusammenführte. Die Bundesregierung initiierte einen gesellschaftlichen Dialog für Beschäftigungspolitik, der einen Strauß von Maßnahmen wie den Abbau von regelmäßig geleisteten Überstunden, eine flexibilisierte Arbeitszeitpolitik, eine Qualifizierungsoffensive, Reformen des Steuerrechts, Rentenrechts und die Reformen der arbeitsmarktpolitischen Instrumente umfasste Aber beim Versuch, ein zweites Bündnis für Arbeit für die Legislaturperiode 2002 bis 2006 ins Leben zu rufen, war der Vorrat an Einsichten und Motiven verbraucht. Der Sechs-Punkte-Pakt für Wachstum, Beschäftigung und Ausbildung in Deutschland der Arbeitgeber war für die Gewerkschaften unannehmbar.

Für das Scheitern des Bündnisses gibt es eine Reihe von Gründen. Es fand keine konzeptuelle Engführung und strategische Vorklärung der Bündnisrunden statt. Die thematische Verteilungsmasse wurde nie genau bestimmt und der Grundsatz des Gebens und Nehmens nicht an definierten *issues* präzisiert. Die Gespräche besaßen nur eine geringe Verbindlichkeit und es fehlte an klaren Rollendefinitionen und Spielregeln für die beteiligten Akteure. So konnte kein realistischer Erwartungshorizont aufgebaut und durchgesetzt werden, es gab keine Abstufungen unterschiedlicher Erfolgsniveaus, die ein gewisses Zeitmanagement der Reform erlaubt und ein Durchhalten in schwierigen Zeiten ermöglicht hätten. In diese Lücke konnten Akteure von außen hineinstoßen, das Misstrauen der Mitglieder ihren Verbänden gegenüber wirken und den Medien eine Schiedsrichterrolle eröffnen, die nur an konkreten Verhandlungsergebnissen und keinen längerfristigen Erfolgsperspektiven interessiert war. Gewisse Erfolge gab es nur im bildungspolitischen Teil des Vorhabens. Im Nachhinein wird die konzeptuelle Schwäche des Ansatzes noch deutlicher sichtbar. Man konnte wissen, dass mit einem Eintritt in ein Bündnis für Arbeit die klassische Keynesianische Nachfragepolitik sich die Führung des Wachstums mit einer mikroökonomischen Arbeitspolitik teilen musste. Man konnte aber auch wissen, dass die Flexibilisierung des Arbeitsmarktes, die Verarbeitung der demografischen Krise und die Umschichtung von konsumptiven in investive Sozialausgaben Anpassungszeit benötigen, eine Begleitung durch expansive Geld- oder Finanzpolitik und eine ideenpolitische Erneuerung der gesellschaftspolitischen Akteure Unternehmen, Gewerkschaften und Parteien.

Tatsächlich wurde nicht wirklich an den Grundlagen gerüttelt, dafür aber ein weiter kommunikationspolitischer, kein strategisch-kommunikativer, Schirm über das Nebeneinander von Kontinuität und Wandel aufgespannt. Alle Akteure scheinen eher vordergründige Motive im Sinne gehabt zu haben. Deshalb wurden die Fragen der Beschäftigungspolitik nicht grundsätzlich angegangen, sondern nach einem situativen Tauschprinzip von Zugeständnissen organisiert. Weil keine der Bündnisparteien über eine grundsätzliche Alternative für eine andere Beschäftigungspolitik verfügte – und selbst wenn sie vorhanden gewesen wären, es kein politisches Personal gegeben hätte, die diese getragen hätte oder gegenüber der Mitgliedschaft überzeugend hätte vertreten können – , ging man Konflikten aus dem Wege. Im Vergleich zu der durchaus erfolgreichen antagonistischen Kooperation in der alten Bundesrepublik gab es weder ausreichend Kooperation noch ausreichend Antagonismus. Für jede Schlussfolgerung aus dem Bündnis für Arbeit ist diese Tatsache entscheidend: Für solche historisch anspruchsvolle Akteurskonstellationen – gegenüber den robusten wirtschaftsliberalen Regimes durchaus wettbewerbsfähig – sind Kooperations- wie Alternativenentwicklung gleichermaßen wichtig.

Auch hier hat die historische Reformverzögerung dazu beigetragen, Machtprozesse zu befördern, die eher zur Stagnation neigen – das System Kohl und dessen Finanzierung der deutschen Einheit und in die Rivalität einer Generation sozialdemokratischer Eliten von Schröder bis Lafontaine, die beide erfolgversprechendere politische Machtbildungsprozesse unterdrückt haben.

Die Zukunft der Arbeit

Die Bindung der Akteure wird sich an der strategischen Kommunikation zukünftiger Arbeit bilden oder gar nicht. Es ist schon paradox: Während intellektuell der Charme der *civil society* als Synthese alter Arbeiter- und neuer sozialer Bewegungen, osteuropäischer und weltweiter Emanzipation gegenüber Markt und Staat zugleich bis in die sozialdemokratische Programmatik hinein wahrgenommen wird, wächst zugleich die harte Einsicht, dass die Bürger- ohne die Arbeitsgesellschaft nicht leben kann. Aufstieg und Krise der „Neuen Ökonomie" in der zweiten Hälfte der 90er Jahre haben diese Paradoxie befördert, ohne eine Lösung anzubieten. Die Debatten um den „Dritten Weg", das „Schröder-Blair-Papier" und eine Fülle von Publikationen sind der Überbau einer tiefgehenden Verunsicherung in dieser Frage. Denn auch die Vorstellung, dass globale Kapitalmärkte die Ersetzung von Arbeit durch Wissen als das Kapital befruchtende Kraft regieren könnten, hat der Desillusionierung zu Beginn unseres Jahrhunderts nicht standgehalten. Auf verschiedene Weise sind Kapital- wie Arbeitsmärkte, wie Keynes gewusst hat, keine normalen Märkte. Mit Arbeit und Kapital organisiert sich gesellschaftliches Leben, aber beide treten nicht mehr in der verdichteten Form auf, die den industriegesellschaftlichen sozialstaatlichen Kompromiss ausgezeichnet hat. Es gibt Arbeit ohne Kapital und Kapital ohne Arbeit, Kampf ohne Klassen und Klassen ohne Kampf, wie Dahrendorf in zwei richtungweisenden Vorträgen deutlich gemacht hat. In einer wachsenden Weltwirtschaft wird die Teilung der Arbeit wie der Status der Wirtschaftssubjekte simultan bestimmt, aber die Simultanität folgt anderen Regeln als vor einem Jahrhundert. Um Innovation, Risiko und Sicherheit lässt sich die Komplexität der Frage nach der Arbeit konzeptuell verdichten, so dass spontane gesellschaftliche Akteure auf der einen und Kommunikationspolitik auf der anderen durch strategische Kommunikation vermittelt werden können. Rein kommunikationspolitisch liegt es nahe, auf Innovation einfach Gerechtigkeit zu kleben – so haben es sozialdemokratische Wahlkämpfe seit mehreren Jahren getan – und die Vermittlung von Risiko und Sicherheit eher im Dunkeln zu lassen. Das ist nicht gut angekommen, weil die Massen lebenstechnisch etwas von Risiko und Sicherheit verstehen.

Innovation

Die Frage nach der Zukunft der Arbeit wird nicht allein durch die Umverteilung bestehender Arbeitsvolumen in zukunftsträchtige Branchen beantwortet werde können. Es müssen neue Typen von Wachstumskräften freigesetzt werden, die sich selbst beobachten und korrigieren können, um auf komplexen globalen Märkten bestehen zu können. Für wettbewerbsfähige Unternehmen und die Schaffung neuer Arbeitsplätze sind Innovationen, die auf der einen Seite an die Ideen qualitativen Wachstums der 70er und 80er Jahre anknüpfen, aber auf der anderen Seite die Durchsetzung des letzten Globalisierungsschubes systematisch reflektieren, der Schlüsselfaktor. Dafür reicht es nicht aus, immer nur auf die neuesten Informations-, Bio- und Nanotechnologien zu schauen, sondern die ganze Basiskette aus Energie, Werkstoffen und Information in den Blick zu nehmen. Eine preisgünstige, risikoarme und umweltverträgliche Energieversorgung hat denselben Status wie Information. Daran gemessen wurde die Energiefrage bisher zu nachrangig behandelt. Volumen wie Zusammensetzung des zukünftigen Energieverbrauchs sind strittig, bei anziehender Beschäftigung würde der Energiebedarf beträchtlich wachsen und ein gesellschaftlicher Energiediskurs hat noch nicht Gestalt gewonnen. Dass von der anderen Seite der Kette, von der Information her, Energie wie Bio-, Gen- und Werkstofftechnologien durchdrungen werden, hat im Wortbild der Wissensgesellschaft bereits seinen Ausdruck gefunden. Diese Innovationen schließen aufgeklärte Arbeitsformen in den Unternehmen, wie sie Robert Reich vorgeschlagen hat, den unvoreingenommenen Umgang der Bürgerinnen und Bürger mit Tradition und Gegenwart und die Fähigkeit ein, die ganze Kette der Innovationsprozesse zu übersehen.

Die Erfolgsbedingungen etwa der Industriepolitik beruhen auf einer vollständigen Produktionskette, die Forschung, Produktion und Qualifikationen, die Schaffung von Märkten und die Akzeptanz aufgrund abschätzbarer Risiken umfasst. Dies ist im Falle der Automobilproduktion insbesondere mit Blick auf die Akzeptanz der Produkte selbstverständlich, kann aber, wo „die Wette auf den Geschmack der Käufer" wie im Falle von Opel/GM verloren geht, zu schwerwiegenden Absatzproblemen führen. Im Falle der Produktion in den Bereichen Chemie, Pharma oder Bio- und Gen ist diese Kette gleich an mehreren Stellen in Frage gestellt. Von der Chemiepolitik über die Biotechnik bis hin zur Energieforschung liefern sich die Koalitionspartner der Bundesregierung einen erbitterten Streit um Grenzwerte, Zulassungsverfahren oder Finanzmittel bei nahezu allen Technologien, die als risikoreich gelten. Die Gentechnik, die die Brüsseler EU-Kommission noch vor kurzem zu einem wichtigen Feld ihrer Industriepolitik erklärt hat, ist ein Beispiel dafür, dass sich in der Bundesregierung häufig die Skeptiker neuer Technologien durchsetzen.

Ähnliche Konflikte drohen bei der Energieforschung. Bis zum Ende des Jahres 2004 beabsichtigen die Bundesministerien für Bildung und Forschung und das Bundeswirtschafts- und Arbeitsministerium, sich auf die Schwerpunkte der künftigen Förderpolitik zu verständigen. Doch während das Bundeswirtschaftsministerium nach besseren Kohlekraftwerken und Erneuerungen in der Kerntechnik forschen lassen möchte, will das Bundesumweltministerium die Förderung weitgehend auf erneuerbare Energien konzentrieren. Bis zum Jahr 2020 sollen 20 % des heutigen Strombedarfs aus Wind, Wasser, Sonne und Biomasse gewonnen werden. Hier geht es um die Weichenstellung am Anfang der energiepolitischen Kette.

Wie wichtig der Zusammenhang zwischen den Kettengliedern Wissensproduktion, Produkten und Märkten ist, ist trefflich am Projekt „NAPUS 2000" zu erkennen. Hier ist es gelungen, dem Rapsöl hochwertige ungesättigte Fettsäuren, die das Herzinfarktrisiko mindern sollen, anzuzüchten – diese Rapssorte hat dreimal mehr Vitamin E als herkömmliche Pflanzen. In der Ausgründung „SunGene" soll dieses Produkt auf den Markt gebracht werden, aber wahrscheinlich nicht in Deutschland. Für die anstehenden Freisetzungsversuche und den späteren Anbau wird man wohl in die USA und nach Kanada ausweichen. Allerdings lässt sich die Wissensproduktion („Forschung") dauerhaft nicht sinnvoll von der Entwicklung und den Märkten trennen. Das Gesetz von Bundesministerin für Verbraucherschutz hätte zur Konsequenz, dass über kurz oder lang auch die Forscher ins Ausland abwandern müssten. Ein ähnliches Schicksal könnte Deutschland auch in der Biomedizin drohen. Das Stammzellgesetz der Bundesregierung belegt Wissenschaft und Industrie mit weit mehr Auflagen als die Regelungen in den meisten Nachbarländern.

Der Streit, der innerhalb der Bundesregierung derzeit ausgetragen wird, polarisiert auch die Gesellschaft. Spätestens nach den Chemiekatastrophen im italienischen Seveso, dem indischen Bophal und dem Atomgau von Tschernobyl stehen in Deutschland industrielle Großtechnologien unter Generalverdacht. Die Mehrzahl der Bürgerinnen und Bürger reagiert, den Werbekampagnen der Chemieindustrie zum Trotz, skeptisch auf die optimistischen Prognosen der Gentechniker. Deshalb ist bislang allenfalls unter Experten unstrittig, dass die sogenannte Grüne Gentechnik eine wichtige Schlüsseltechnologie ist. Die Skeptiker wünschen sich in Bereichen wie der Chemie nicht selten das Aus ganzer Produktionszweige. Das Vorhaben der schwedischen EU-Kommissarin für Umwelt, Wallström, die Sicherheitsauflagen für die europäische Chemieindustrie so verschärfen, dass viele Unternehmen mit der Abwanderung ganzer Konzernzweige vom Kontinent drohten, wurde erst in letzter Minute durch den deutschen, französischen und britischen Regierungschef gestoppt.

Man kann nicht die *lyfesciences* über die Skepsis lebendiger Bürger stülpen, aber auch nicht die Widerstände gegen basistechnologische Entwicklungen im Namen des Lebens nur hinnehmen, sondern offen und konfliktbereit zum Gegenstand eines politischen kommunikativen Prozesses machen. Auch hier muss strategische Kommunikation dazu beitragen, dass Kooperations- und Alternativenentwicklung gleichzeitig und gleichwertig wachsen können. Derzeit fehlt es an einer Balance zwischen Interessen an Sicherheit und Innovationen, die eine der Grundlagen für eine erfolgreiche Industriepolitik ist. Schnelle Änderungen sind unwahrscheinlich.

Risikoverteilung: Arbeit als Institution

Wenn man Arbeit nicht lediglich als Arbeitsmarkt, sondern als gesellschaftliche Institution begreift, die Teilhabeschaft und Loyalität stiftet, müssen die Risiken der Arbeitsgesellschaft angemessen verteilt werden. Eine gerechte Risikoverteilung setzt dabei voraus, dass alle Akteure zunächst bereit sind, Risiken einzugehen, die mit flexiblen Arbeitsverhältnissen einher gehen. Risikobereitschaft und Risikoverteilung sind zwei Seiten derselben Medaille. Hier gilt es, neue gesellschaftliche Beziehungen zu stiften: Der Vorschlag von Hubertus Schmoldt, das Problem der Verlagerung von Arbeitsplätzen mit der Subventionierung von niedrigproduktiven Löhnen zu verkoppeln, legt solche neuen gesellschaftlichen

Beziehungen nahe. Es geht vor dem aktuellen Hintergrund der EU-Erweiterung um die Kombination aus tariflich abgesicherten und Transfereinkommen, darum die Basis Gesellschaft stiftender Arbeit zu erhalten. Ein Markteinkommen, das kein Lebenseinkommen ist, stiftet auch keine Gesellschaft. Ein Transfereinkommen, das nicht an gesellschaftliche Arbeit gekoppelt ist, auch nicht. Die Bundesagentur für Arbeit könnte so niedrige Einkommen um, sagen wir, 20% aufstocken, um Tarifniveau zu erreichen. Jeder Versuch, diesen sinnvollen Vorschlag zu realisieren, muss allerdings mit der einseitigen Nutzung im Arbeitgeberinteresse und hohen Verwaltungskosten rechnen.

Es muss grundsätzlich darüber nachgedacht werden, Arbeit als Gesellschaft konstituierende Institution zu definieren, die nicht mit nur einem Begriff der Produktivität arbeitet. Nicht alle Menschen erreichen, aufgrund unterschiedlicher Qualifikationen und Eigenschaften, dasselbe Produktivitätsniveau. Statt diejenigen zu stigmatisieren, die die durchschnittliche Arbeitsproduktivität nicht erreichen, gilt es, die monoproduktivistische Definition gesellschaftlicher Tätigkeiten aufzugeben und Arbeit für alle als Gesellschaft konstituierende Aufgabe zu institutionalisieren. Ob Löhne subventioniert, eine negative Einkommenssteuer oder ein nicht an Erwerbsarbeit gekoppeltes Bürgergeld vorgeschlagen werden, immer werden sich Mitnahmeeffekte einstellen, bürokratische Risiken auftun und Gerechtigkeitsvorstellungen verletzt sehen, wenn die Institutionalisierung der Arbeit nicht gelingt. *Wie immer der Basissektor gesellschaftlicher Arbeit organisiert ist, wie er mit Teilzeit- und Leiharbeit, öffentlicher Beschäftigung und Familienarbeit, Weiterbildung und Regeneration, flexibler Vollbeschäftigung oder Mini- und Midi-Jobs besetzt ist, er muß flexiblen Ein- und Ausstieg, Beweglichkeit zwischen seinen Formen und Würde zum Ausdruck bringen, die diesem Sektor zu eigen sein muß. Florierende Arbeitsmärkte müssen darauf zurückgreifen können, unentgeltliches bürgerschaftliches Engagement darauf aufbauen können und die Gesellschaft sich auf seine Funktionsweise verlassen können. So jedenfalls kann Arbeit als Institution funktionieren. Im Idealfall können wir uns vorstellen, daß Kommunen und Regionen, Nationen und Europäische Union einen solchen Sektor bereitstellen, in der Wirklichkeit müssen wir damit zurechtkommen, daß die verschiedenen Institutionen die Komplexität des Basissektors gesellschaftlicher Arbeit einigermaßen beherrschen, um zivile Lebensverhältnisse für Mehrheiten zu schaffen. Um diesen Basissektor mag sich dann eine eigene Lebenswelt entwickeln, die in Krisen stabil bleibt und dauerhafte Aufstiegsverhältnisse schafft. Diese Aufstiegsverhältnisse sind aber auf eine Bildungsexpansion angewiesen, die der der 60er und 70er Jahr des letzten Jahrhunderts in nichts nachsteht.*

Gegenwärtig fehlt uns dafür noch eine konkrete Vorstellung. Aber für die Anerkennung der Differenz von Leistungsfähigkeiten, um den wachsenden Differenzen der Anforderungen gewachsen zu sein, finden wir in einem anderen gesellschaftlichen Feld ein treffliches Beispiel: dem (olympischen) Sport. Die Anerkennung von und die Arbeit mit Differenzen ist dem Feld des olympischen Sports höchst erfolgreich gewesen. Die unterschiedliche Leistungsfähigkeit von Männern und Frauen hat eine entsprechende sportliche Anerkennung und Unterscheidung gefunden und in spezifischen Auszeichnungen, Medaillen für die Leistungen von Frauen und Männern, ihren Ausdruck erhalten. Über Jahrzehnte hinweg hat diese Differenz durch zu einem durchaus vergleichbaren Zuschauerinteresse geführt. Im Fußball hingegen ist dieser Stand noch nicht erreicht. Nun, aktuell, seit dem Sommer 2004, scheint sich die Anerkennung einer neuen Differenz anzubahnen: die Differenz von behinderten Sportlerinnen und Sportlern bei den Paralympics. Interessanterweise findet zur gleichen Zeit ein paralleler Prozess der Ästhetisierung des Organersatzes in der Werbung statt. Langfristig könnte damit eine weitere, dritte Art von Leistungsfähigkeit Anerkennung finden. Ähnliche Differenzierungsleistungen müssen auf dem Gebiet der gesellschaftlichen Arbeit erbracht und kommuniziert werden. Zugleich lässt sich ahnen, wie langfristig dieser Prozess der Schaffung von Anerkennung angelegt sein muss.

Sicherheit: Bürgerversicherung als ordnungspolitische Grundsatzfrage

Die gegenwärtige Debatte um Bürgerversicherung oder Gesundheitsprämie kreist um zwei Fragen: Sollen private Krankenversicherungen einen relevanten im Vergleich wohlhabenderen und gesunderen Anteil der Bevölkerung versichern – dagegen stellt sich die Bürgerversicherung? Oder soll die Dynamik der Gesundheitsfinanzierung an die Arbeitskosten gekoppelt bleiben – dagegen steht die Idee der Gesundheitsprämie? Für die Krankenversicherung mag sich ein vernünftiger Kompromiss finden lassen, aber damit ist noch kein System sozialer Versicherung definiert, das zu der alles entscheidenden Institutionalisierung der Arbeit beiträgt. Während Krankheit und Pflegebedürftigkeit als die großen Lebensrisiken, denen alle Gesellschaftsmitglieder gleichermaßen ausgesetzt sind, angesehen werden, kann die Sicherung des Lebensstandards im Alter stärker privatem Spar- und Anlageverhalten – mit privaten Pflichtversicherungen für eine längere Übergangszeit – überlassen werden. Die Sicherung von Einkommen, Bildungs- und Aufstiegschancen, Status und Lebensstil werden noch mehr den Individuen, Ihrer Selbstorganisation in Initiativen und Organisationen – wie den Gewerkschaften überlassen, d. h. die weitere Differenzierung der Gesellschaft auf diesen Feldern wird nicht nur hingenommen, sondern als Schubkraft für ein bewusstes Leben genutzt. In jedem Fall gilt es, die Bürgerversicherung zwischen

Gesundheit und Pflegebedürftigkeit, Alter und Statussicherung, privaten Bildungsanstrengungen und öffentlichen Zugangschancen zu unterscheiden. Es macht keinen Sinn, eine Bürgerversicherung, die die „Reichen und Beamten" zur Kasse bittet, auf eine unveränderte allgemeine Sozialversicherung zu setzen und zu glauben, damit sei der Gerechtigkeit genüge getan. Die Bürgerversicherung in der Krankenversicherung mag die Pointe haben, dass sie es erlaubt, Arbeits- und Bildungsmärkte freizusetzen – solange jedenfalls bei institutionalisierter gesellschaftlicher Arbeit eine von der ökonomischen Produktivität entlastete einfache allgemeine Arbeit für alle zur Verfügung steht. Nicht minder entscheidend ist die Koppelung jeder Reform des Systems sozialer Sicherung an die Reform des Bildungssystems.

Konsequenzen für die Bildung

Eine Bildungspolitik, die sich von den Zielen Bildungsoffensive, Ganztagsschule, Bildungsstandards und Politik der Chancengleichheit leiten lässt, darf nicht in die bildungspolitischen Lager der 70er und 80er Jahre zurückfallen. Als Vorbild interessanter ist der sich in der Mitte der 60er Jahre herausbildende Konsens, Bildungsexpansion und Ausbau der sozialen Sicherung als zusammenhängenden Modernisierungsprozess zu begreifen – allerdings heute mit Individuen, selbstorganisierten Gruppen und dynamischen Unternehmen als Träger und nicht mehr mit einem expansiven Staat wie damals. Die Ganztagsschule hat sehr viel mit der Gesamtschule zu tun und ist doch etwas völlig anderes. Dynamik und Legitimität gewinnt eine neue Bildungsexpansion im Kontext von Arbeit als Institution und Bürgerversicherung. Die Konstitution der Gesellschaft durch einfache allgemeine Arbeit verlangt Investitionen im Vor- und Ganztagsschulbereich, die erst die spätere Teilhabe am gesellschaftlichen Leben ermöglichen. Die Stärkung des Prinzips der Dualität in Bildung und Ausbildung, die zumindest 80% der Bevölkerung ein qualifiziertes Abschlussniveau zwischen *highschool* und *college* – mit starkem berufsbildendem Kern – ermöglicht, schafft erst die materielle Grundlage relativer Gleichheit in informationsindustriellen kapitalistischen Marktwirtschaften. Die Investition in sich selbst, in das eigene Wissen und Vermögen eröffnet dann den Individuen den Raum für Hochschul- und Weiterbildung. Sie können individuellen Wegen folgen, sich organisieren und als Anbieter von Wissen Machtchancen erwerben. Die Effektivität von Bildungsinvestitionen lässt sich erheblich steigern, wenn Bildung zu einer Angebotsmacht werden kann. Gut ausgebildete Arbeitskräfte stellen eine wachsende Angebotsmacht dar, die Kraft ihrer anspruchsvollen Erwartungshaltung an Berufspositionen und Möglichkeiten der Entwicklung der Wissensarbeit einen wichtigen Impuls verleihen. Bildungsinstitutionen werden dabei zu „lernenden Institutionen", die einen gesellschaftskonstituierenden Habitus der Selbstständigkeit fördern. Auch hier macht es wieder bei der Bürgerversicherung keinen Sinn, alle Schichten des Systems nach demselben Muster zu gestalten. Während Vor- und Ganztagsschulen gar nichts kosten sollten und Schüler- und Meisterbaföfg entschieden mehr gefördert werden, ist für den Hochschul- und Weiterbildungsbereich eine graduell steigende Selbstbeteiligung der individuellen Bildungsinvestoren finanziell und mental unabdingbar. Statt allerdings auf Studiengebühren als Wellenbrecher zu setzen, bietet es sich an, mit Bildungsgutscheinen in die private Hochschulfinanzierung einzusteigen, weil sie für die Förderung benachteiligter Schichten und andere Steuerungsmotive anschlussfähiger sind als die einfache Steigerung der Einnahmen der Bundesländer als Hochschulträger.

Jede Renaissance des Bildungsbegriffs braucht einen langen Atem, eine Gedächtnispolitik, die nicht nur bis in die 60er Jahre des letzten Jahrhunderts zurückreicht, sondern die Modernität als Bildungsgeschichte vor Augen hat. Mehr noch, die Bildungsgeschichte mag an die neuzeitliche Mobilisierung des Wissens in den verschiedensten Zivilisationen anknüpfen, als der okzidentale Rationalismus der Weltbeherrschung noch nicht mit Industrialismus und okzidentalem Nationalstaat bewaffnet, die Welt zu erobern begann. Im Zeitalter unserer Globalisierung mag diese Grundlegung der Bildungsexpansion vor der Aufklärung von Nutzen sein.

Initiierung von Lernprozessen

Die Konsequenz aus dem gescheiterten Bündnis für Arbeit ist, die strategisch relevanten Akteure in Deutschland in einen tiefgreifenderen Bildungsprozess einzubeziehen, der Kooperations- wie Alternativenentwicklung gleichermaßen einschließt. Alternativentwicklungen wie die Institutionalisierung der Arbeit, Bürgerversicherung und neue Bildungsexpansion ermöglichen gesteigerte gesellschaftliche Kooperationen, provozieren aber mit Notwendigkeit sozialen Konflikt, die beide zur politischen Steuerung beitragen. Wer sich für Arbeit als Institution entscheidet, muss sich grundsätzlich für die Entkoppelung von Teilen der Arbeit von Produktivität und für eine überschaubare Zahl unterschiedlicher Kontinuen aussprechen. Die Alternative ist ein Niedriglohnsektor, für die sich mit Hilfe der Unterscheidung von Vollzeit- und Teilzeitjobs, die Unterstützung der Beschäftigten der zweiten Schicht allerdings erst zu gewinnen wäre. In der Debatte um Bürgerversicherung oder Gesundheitsprämie bilden sich bereits die Konfliktlinien, zwischen Entlastung des Arbeitsmarktes von der Kostendynamik des Gesundheitswesens – zumal unter den gegebenen demografischen Bedingungen – und der Festlegung von Gesundheit und Pflegebedürftigkeit als die gesellschaftliche Solidarität begründenden Erfahrungen. Die Finanzierung der Bildungsexpansion schließlich provoziert auf der einen Seite die Forderung nach Vermögens- und Erbschaftssteuer als Nutzung „toter" Ressourcen für „lebendige" Entwicklung. Die einen würden Konjunktur- und Wettbewerbsargumente vortragen, die anderen ihren materiellen Errungenschaften und Ersparnisse bedroht sehen.

Solche Konflikte können nur durchgestanden werden, wenn auf den Feldern Institutionalisierung der Arbeit, Bürgerversicherung und Bildungsexpansion Zusammenhänge strategisch kommuniziert werden. Wer von einem Land wie Dänemark den lockeren Kündigungsschutz übernehmen, das hohe Arbeitslosengeld aber nicht oder nur das hohe Arbeitslosengeld und die harten Vermittlungszwänge nicht, wird irgendwann zu strategischer Kommunikation überhaupt nicht mehr in der Lage sein. Bundespräsident Rau hat dazu aufgerufen, ein „positives Selbstverständnis und ein positives Verhältnis zu sich selber zu gewinnen". Das verlangt von den Akteuren aber mehr als Optimismus. Vielmehr müssen gesellschaftliche Organisationen, Parteien und Gewerkschaften strategisch kommunikationsfähig werden („*narratives*"), ihre Meinungs- und Entscheidungsbildung an den tatsächlichen Alternativen von institutionalisierter Arbeit, Bürgerversicherung und Bildungsexpansion ausrichten und nicht am Vorstellungs- und Erinnerungsvermögen ihrer Funktionären. Die Grundsatzabteilungen vieler Verbände sind mehr der Ausdruck nicht wahrgenommenen Entscheidungsbedarfs als Antizipation entstehender Entscheidungsverhältnisse. Bei den Gewerkschaften wiegt der Grund vermutlich vor allem in einem Wissenshabitus, der noch so von der korporatistischen Industriegesellschaft geprägt ist, dass bestimmte Entscheidungsbedarfe nicht einmal gesehen werden. Wer aber in allen Verbänden meint, mit traditionellen Bordmitteln der Wissensproduktion und Reform mitgestalten zu können, macht sich immer mehr von Ministerialbürokratien und professionellen Beratern in Expertenkommissionen abhängig. Was Reaktionszeit, Entscheidungsvorbereitung und Antizipation von Entscheidungslagen angeht, ist das professionelle Wissen vieler Verbände und Gewerkschaften zu gering.

Status von Konzeptarbeit

Zu beachten gilt es den spezifischen Zusammenhang zwischen Institutionen, Organisationen, Milieus und strategischer Kommunikation. Der Bedarf an strategischer Kommunikation für Organisationen wie Gewerkschaften nimmt zu, wenn die Funktionsmechanismen von staatlicher Institutionen wie der Sozialstaat komplexer werden. Die Vergabebedingungen von sozialstaatlichen Leistungen, zum Beispiel bei den Hartz-Gesetzen, mag man aus moralischer Sicht als „sozial ungerecht" kritisieren, aus kommunikationspolitischer Sicht werden sie komplizierter. Der Grundgedanke von „Fördern und Fordern" stellt höhere Ansprüche an die politische Kommunikation, und erst recht höhere Ansprüche an eine adäquate Meinungsbildung innerhalb der gewerkschaftlichen Organisationen und einer Akteurskonstellation wie dem DGB. Insbesondere vor dem Hintergrund der Ausdifferenzierung von Milieus und der Notwendigkeit, sie an eine Organisation zu binden, wird den Aktiven eine neue anspruchsvolle Kommunikationskompetenz abverlangt.

Strategische Kommunikation in der Industriegesellschaft

Welche Art der strategischen Kommunikation brauchten die Institutionen der Industriegesellschaft? Die Institutionen der Industriegesellschaft, beispielsweise der Mitbestimmung und der Tarifpolitik, beruhten auf Regeln mit einem vergleichsweise hohen Grad an Standardisierung, die mit einem entsprechenden Wissen durch ständigen Austausch mit Leben erfüllt werden mussten. Auf diesem Wege haben, im Unterschied zu den Parteien, die auf die besondere Zeitstruktur von Wahlkämpfen gerichtet waren, Gewerkschaften politische Materien wie Arbeit und Einkommen dauerhaft reguliert. Dazu bedienten sie sich der Routineveranstaltungen und Briefe, Optimierungswissen und Spezialisierung, Lobbying, Hintergrundgespräche, Medientermine, Betriebsversammlungen, Demonstrationen und Streiks. Gewerkschaften mussten keine Wahlen gewinnen und sich der Permanenz von Wahlkämpfen unterziehen, deshalb besaßen sie keinen vergleichbaren strategisch ausgerichteten Apparat der Wissensproduktion. Ihre Kommunikationspolitik beruhte im wesentlichen auf Einflussnahme, Interessenvertretung sowie Demonstrationen und Arbeitsniederlegungen bei Regelverletzungen.

Als Organisationen waren Gewerkschaften an der ursprünglichen Konstruktion an einem sozialstaatlichen Rahmen nach dem zweiten Weltkrieg beteiligt und in der Zeit danach, diesen Rahmen zu garantieren. Gewerkschaften hatten an der Schaffung und der Stabilisierung des Regelwerkes der Mitbestimmung und Tarifpolitik maßgeblichen Anteil. Im Falle der Nicht-Einhaltung verstanden sie erfolgreich die Mobilisierung der Mitglieder, die Politik und den Protest zu organisieren. Diese Praxis hat die Erwartungen der haupt- und ehrenamtlichen Mandatsträger geprägt, ihr Selbstbewusstsein gründete auf der Erfahrung, dass die Anwendung von institutionenbezogenem Wissen und die kompetente Ausfüllung ihre Rolle nachweislich erfolgreich war, Interessensunterschiede und – konflikte bewältigen und regulieren zu können. Dabei garantierte die den Arbeitnehmern nahe stehende Politik den institutionellen Rahmen, während die Gewerkschaften diesen Rahmen mit Leben erfüllten. Nun, wo der institutionelle Rahmen verändert werden muss, müssen sich Gewerkschaften wie in der Tarifpolitik auf neue kommunikationspolitische Aufgaben einstellen.

Stabile Institutionen und die sie verteidigenden Gewerkschaften hatten loyale Mitglieder oder zumindest die stillschweigende Akzeptanz der nicht gewerkschaftlich organisierten Bevölkerung zur Voraussetzung. Andererseits erleichterten vergleichsweise klare Zielsetzungen und Aufgaben der Institutionen die Bindung von Mitgliedern und Stabilisierung von Milieus erheblich. Der Zusammenhang von institutionell gestützten Werten und deren erfahrbare Manifestation in der Alltagspraxis erforderte nur einen geringen Erklärungsaufwand. Solche Erfahrungen bekräftigten den Glauben der Mitglieder an ihre Organisation und sicherten eine dauerhafte Bindung.

In der Industriegesellschaft spielte der Begriff der strategischen Kommunikation und eine entsprechende Wissensproduktion aufgrund stabiler Institutionen, Klarheit der institutionellen und organisatorischen Ziele, sowie ein vergleichsweise geringer Erklärungsaufwand eine vergleichsweise untergeordnete Rolle. Notwendig war die erfahrungsvermittelte Kenntnis des Gefüges aus Tarifpolitik, Betriebsverfassung und Sozialstaat, die kompetente Ausfüllung von definierten Routinen und eine Beziehung starker Persönlichkeiten zu einer Mitgliederbasis, die an die Institutionen und Organisation glaubten. Das strategische Moment der Kommunikation richtete sich vor allem auf die gekonnte situationsgerechte Auslegung von Regeln und Rollen.

Strategische Kommunikation in der medialen Kommunikationsgesellschaft

Ein Einschnitt, der den gesellschaftsstrukturellen Wandel markieren würde, der eine neue Form der Kommunikation erforderlich macht, lässt sich nicht exakt bestimmen. Mit dem Heraufziehen der „Arbeits- und Wissensgesellschaft" ist, gegenüber dem Zeitraum nach dem Zweiten Weltkrieg bis zu den sechziger Jahren, als sich die Institutionen, Instrumente und Organisationen der Industriegesellschaft entwickelten, die Ausbreitung der medialen Kommunikationsgesellschaft verknüpft, die an institutionellen Rahmen und kommunikativen Bedarf neue Anforderungen an die Repräsentation stellt. Institutionen und Organisationen sehen sich mit einem Zwang zur öffentlichen Darstellung konfrontiert und sich zu strategischer Kommunikation gezwungen. Von diesem Standpunkt aus erscheinen die Kommunikationsformen der politischen Kultur der alten Bundesrepublik als selbstgenügsam und diskret. Lange Zeit wurden staatliche Institutionen oder Organisationen wie Gewerkschaften an den Resultaten ihrer Handlungen gemessen und die Selbstdarstellung der Kultur überlassen. Die Individuen, die das Treiben in Politik und Gesellschaft beobachteten, vertrauten dem Spitzenpersonal. Die Repräsentationsformen der medialen Kommunikationsgesellschaft, die häufig nur als mediale Scheinwelten und TV-Kultur der Selbstinszenierung beschrieben werden, haben die Existenzgründe für Institutionen und Organisationen inevident werden lassen, so dass das Vertrauen in und der Glaube an sie verloren gegangen ist. Die strategisch relevanten Akteure sind zu Kommunikationsformen gezwungen, die strategisch werden müssen.

Wir haben beschrieben, dass die Modernisierung von Arbeit, sozialer Sicherheit und Bildung ein Programm der Synthetisierung sein muss. Strategische Kommunikation muss synthetisierende Lösungen unterstützen. Sie muss integraler Bestandteil eines Prozesses sein, der Tarifpolitik, Mitbestimmung oder Sozialstaat modernisiert, damit sie ihre regulative Kraft erhalten. Organisationen wie die Gewerkschaften müssen einen Diskurs darüber führen, welchen Tiefgang institutionelle und organisatorische Modernisierung haben muss. Hier reichen angesichts von Unübersichtlichkeit und geringer Plausibilität die gängigen Kommunikationsroutinen nicht mehr aus, Gewerkschaften müssen strategische Politikfelder vielmehr neu definieren und ihre Rolle als definitionskompetente Ordnungsmächte wahrnehmen. Moderne Energiepolitik, um dieses Beispiel zu nennen, zeichnet sich dadurch aus, dass neben hohen technischen Qualitätsstandards die Akzeptanz von Märkten in den Vordergrund gerückt wird. Es geht dabei um die Erweiterung der klassischen kommunikationspolitischen Erfolgsfaktoren „Industrie", „Arbeit", „Politik" und „Wissenschaft" um den Faktor „Lebensführung" bzw. „Verbraucherverhalten". Solche Erweiterung ist nicht additiv, sondern komplementär und synthetisch zu verstehen. Synthese heisst nicht nur, die Industriepolitik zu optimieren, sondern auch den Zusammenhang zwischen Industriepolitik und „Lebensführung" herzustellen: Wer Flexibilität im ersten Bereich will, muss auch Flexibilität und Homogenität im zweiten Bereich anbieten. Dabei wird den politisch Aktiven abverlangt, Regeln der politischen Kommunikation wie bisher nicht mehr nur auszuführen, sondern den Wandel der Institutionen in Ziel und Funktionsweise erläutern zu müssen. Das heißt in vielen Fällen: Einführung flexibler Regeln. Augenfällig ist dies in der Tarifpolitik aufgrund der Zahl der Lösungen für unternehmens- und betriebsbezogene Sonderregelungen in Form von Öffnungsklauseln. Schon die Einführung eines flexibleren Regelwerkes selbst gilt es als Modernisierungsprozess darzustellen. Strategische Kommunikation muss den überproportionalen Erklärungsaufwand infolge von gesteigerter Flexibilität bewältigen. Auf diesem Wege müssen sich Gewerkschaften tendenziell zu Kommunikationsmaschinen wandeln, ihre Funktionsträger zu verbindlichen und vertrauenswürdigen Multiplikatoren.

Als definitionskompetente Ordnungsmächte müssen Gewerkschaften auch strategische Allianzen neu definieren. Aus der Erweiterung der Erfolgsfaktoren in der Energiepolitik folgt, dass die traditionellen Erfolgsallianzen aus Arbeitgebern, Gewerkschaften, Regierungen und Wissenschaft die Expertise und den Rat der Repräsentanten des Faktors „Lebensführung", Verbraucher und Verbraucherverbände, berücksichtigen müssen. Die Arbeit der Synthese kann nur mit erweiterten strategischen Allianzen erreicht werden, um den notwendigen gesellschaftlichen Konsens für Innovationen zu organisieren.

Ähnliche kommunikationspolitische Herausforderungen stehen den Gewerkschaften angesichts von individualisierten komplexeren Milieus von Arbeitnehmern ins Haus. Der Glaube an Institution und Organisation muss durch das Argument ergänzt werden. Ihre Zielsetzungen und Werte müssen erläutert werden. Strategische Kommunikation muss diese Leistung erbringen, wenn an die Stelle kollektiver und vergleichsweise einheitlicher Interessen heterogene Interessenlagen von Arbeitnehmern treten, die beispielsweise nach Lebensphasen differenziert sind, die sich nicht mehr nur der Unterscheidung von jung und alt fügen.

In Anbetracht dieser Herausforderungen an kommunikatives Handeln, die von den Kommunikatoren neues Wissen – synthetisches Wissen, im Bewusstsein von Kontingenz, das neuen Formen zusammenbringt und Alternativen generiert –, entsprechende Qualifikationen und ein verändertes Rollenverhalten verlangen, reichen die Bordmittel der Organisationen – Grundsatzabteilungen, organisationsspezifische Weiterbildung – nicht mehr aus. Dafür fehlt ein Apparat der Wissensproduktion. Unklar ist, ob er in den Organisationen bereit gestellt werden kann. Wissensproduktion wird bislang als Domäne „des eigenen Hauses" gesehen. Der Externalisierung steht allerdings der Wunsch der Organisationen nach Autonomie entgegen. Sie macht Gewerkschaften einerseits unabhängig, andererseits schränkt sie sie hinsichtlich der Wissensproduktion ein.

Denkfabriken

Die Entwicklung von Denkfabriken, die die professionalisierte Wissensproduktion organisieren, spiegeln ihre Zeit und die spezifischen Kontexte ihrer Gesellschaften. Die amerikanischen Denkfabriken sind breiter und differenzierter, sind mit den politischen und sozialen Auseinandersetzungen der amerikanischen Gesellschaftsgeschichte verbunden und offen für den Austausch mit wechselnden Regierungen, Administrationen und Institutionen. Am nächsten kommen ihnen in Europa noch britische Ansätze, aber die europäischen Anläufe sind im ganzen noch sehr fragmentarisch. In den Niederlanden und Schweden sind sie ein Teil der jeweiligen politischen Organisationen des sozialen Konsens, in Deutschland übernehmen die politischen Stiftungen einen Teil ihrer Aufgaben entlang der Linien des Parteiensystems und in den neuen zur Europäischen Union gestoßenen Gesellschaften gehören sie zu den Modernisierungsagenturen, die die Dinge voran treiben.

Eine Denkfabrik lässt sich durch die Eigenart ihrer strategischen Kommunikation bestimmen, durch die Art und Weise wie Wissen produziert, aggregiert und vermittelt wird. Dadurch wird die Handlungsfähigkeit von Organisationen und Verbänden gestärkt, ein belastbares Orientierungswissen geschaffen, das nicht wie das zerstreute Wissen der Agenda 2010 oder des Bündnisses für Arbeit allein auf situativem Konsens beruht. Es geht aber nicht allein um Betriebswissen und argumentative Kompetenz, sondern auch um ein Auftreten und Handeln, das mit dem eigenen Standpunkt auch das gegebene Alternativenspektrum vorführt. Dabei werden rituelle Problembeschreibungen aufgebrochen, aber auch neue Begründungsriten eingeführt und stabilisiert. Auf diese Weise werden Mehrheiten konstruiert, prekäre Vorschläge auf ihre Akzeptanz bei strategisch wichtigen Gruppen der Gesellschaft getestet und Gegenkonzepte als Sperrfeuer in die Welt gesetzt.

Gegenwärtig scheinen in Deutschland die Erfolgsaussichten nach dem Scheitern der bisherigen Bündnisse für Arbeit, für ein ähnlich ansetzendes Modell einer Stiftung für Arbeit gering zu sein; gleichwohl sollte man die niederländische Idee nicht aus den Augen verlieren. Viel wichtiger aber ist es für die sozialen und politischen Kräfte, die weder den gewerkschaftlich-sozialstaatlichen Traditionalismus pflegen noch der Liberalisierung der wirtschaftlichen und sozialen Institutionen immer wieder hinterher laufen wollen, eigene professionelle Wissensstrukturen aufzubauen. Hier und nur hier ist der originäre Ort einer Denkfabrik für die deutschen Verhältnisse nach 2006. Probleme suchen sich insoweit doch ihre Organisationen und die dramatische Differenzierung der politischen Alternativen in Deutschland – obwohl an der Oberfläche noch nicht vollständig sichtbar – verlangt neue „Aggregationsmaschinen", die die traditionellen Grundsatzabteilungen, Stiftungen und Beratergremien nicht anzubieten haben. Solche Bemühungen müssen damit rechnen, dass sie nicht nur die Traditionalismen der Organisationen auf der einen Seite gegen sich haben, sondern auch neue *power structure research* der globalisierungskritischen Bewegungen. Aber diese Differenzierung zwischen einem entstehenden europäischen Progressivismus und globaler symbolischer Rebellion – die sich natürlich auch etwas zu sagen haben – wird in jedem Fall nicht ausbleiben.

Die Autoren

Bender, Peter	Publizist, Berlin
Gehrke, Hans-Joachim	Professor für Alte Geschichte, Albert-Ludwigs-Universität, Freiburg
Mertens, Dieter	Professor für Mittelalterliche Geschichte, Albert-Ludwigs-Universität, Freiburg
Priddat, Birger	Professor für Politische Ökonomie, Zeppelin-University, Friedrichshafen
Rust, Holger	Professor für Soziologie, Universität Hannover
Schwengel, Hermann	Professor für Soziologie, Albert-Ludwigs-Universität, Freiburg
Vassiliadis, Michael	Mitglied des geschäftsführenden Hauptvorstandes der Industriegewerkschaft Bergbau, Chemie, Energie
Voscherau, Eggert	Stellvertretender Vorsitzender des Vorstandes und Arbeitsdirektor der BASF Aktiengesellschaft
West, Klaus-W.	Büro des Vorsitzenden, Industriegewerkschaft Bergbau, Chemie, Energie

Die Ordnung der Gesellschaft

Festschrift zum 60. Geburtstag von Richard Münch

Herausgegeben von Hans-Jürgen Aretz
und Christian Lahusen

Frankfurt am Main, Berlin, Bern, Bruxelles, New York, Oxford, Wien, 2005.
433 S., 3 Abb., zahlr. Graf.
ISBN 3-631-53411-6 · br. € 68.–*

Die Frage nach der Ordnung der modernen Gesellschaft bleibt ein wichtiger Motor der soziologischen Theoriebildung und Gesellschaftsanalyse. Die Aktualität dieser Frage gilt gerade auch wegen der anhaltenden Veränderungen unserer Gesellschaft, die sich in den Bereichen der privaten Lebensformen, der Arbeitswelt, der Technologie und der Medien, der Kultur, Politik und Wissenschaft zu einer konstanten Größe der gesellschaftlichen Realität etabliert haben. Zugleich gilt, dass Gesellschaften aufgrund der Denationalisierungs- oder Transnationalisierungstendenzen immer weniger auf nationalstaatliche Grenzen beschränkt bleiben. Gesellschaftliche Ordnung wird damit einer konstanten Entstrukturierung und Restruktierung unterworfen. Diese Veränderungen evozieren eine Reihe von Fragen an die soziologische Theoriebildung und empirische Gesellschaftsanalyse. Die Beiträge in dieser Festschrift gehen solche Fragen aus jeweils unterschiedlichen Blickwinkeln an und versuchen, darauf Antworten zu geben.

Aus dem Inhalt: Soziale Mechanismen und soziologische Erklärungen (Michael Schmid) · Evolution und Ereignis (Bernhard Giesen) · The Dynamics of Differentiation and Integration (Jonathan H. Turner) · Sphären als Orte der okzidentalen Rationalisierung (Werner Gephart) · Putting Voluntarism back into a Voluntaristic Theory of Action (Donald N. Levine) · Vertrauen als Basiselement sozialer Ordnung (Claus Mühlfeld) · Die Entscheidungs- als Kommunikationsgesellschaft und die Paradoxie des Interventionismus (Uwe Schimank) · Modernizing German National Identity (Edwad A. Tiryakian) · Gibt es kulturelle Traumata? (Hans Joas) · Integration or Assimilation? (Friedrich Heckmann)

Frankfurt am Main · Berlin · Bern · Bruxelles · New York · Oxford · Wien
Auslieferung: Verlag Peter Lang AG
Moosstr. 1, CH-2542 Pieterlen
Telefax 00 41 (0) 32 / 376 17 27

*inklusive der in Deutschland gültigen Mehrwertsteuer
Preisänderungen vorbehalten
Homepage http://www.peterlang.de